名师名校名校长

凝聚名师共识
回应名师关怀
打造名师品牌
培育名师群体

守望课堂

高中语文教学的思考

洪方煜 著

北京燕山出版社

BEIJING YANSHAN PRESS

图书在版编目（CIP）数据

守望课堂：高中语文教学的思考 / 洪方煜著. —
北京：北京燕山出版社，2021.11
ISBN 978-7-5402-6302-7

Ⅰ. ①守… Ⅱ. ①洪… Ⅲ. ①中学语文课—教学研究
—高中 Ⅳ. ①G633.302

中国版本图书馆CIP数据核字（2021）第252520号

守望课堂：高中语文教学的思考

著　　者	洪方煜
责任编辑	满　懿
出版发行	北京燕山出版社
地　　址	北京市丰台区东铁匠营苇子坑138号C座
电　　话	010-65240430
邮　　编	100079
印　　刷	北京政采印刷服务有限公司
经　　销	新华书店
开　　本	170mm×240mm　16 开
字　　数	261千字
印　　张	14.5
版　　次	2022年8月第1版
印　　次	2022年8月第1次印刷
定　　价	68.00元

序 言

PREFACE

守望课堂：百合亦可绽清芳

诺贝尔文学奖获得者莫言称自己获奖得益于作品的文学品质，作品中一直在写人，"一直把所有人都当人看，无论是好人还是坏人"。这对我们的教学不啻是一句石破天惊之语。在教学中，我们也需要把学生当成一个有血有肉的生命，当作人来看。确实，真正高效的课堂应该让学生得到应有的体验，使生命在阅读中得到充分的张扬与释放，让思考在体验中得到深化，师生携手共度美好的人生时光。

钱理群教授曾在《我对经典作品教学的一些看法》中指出："用我们民族与全人类最美好的精神食粮来滋养我们的孩子，让他们的身心得到健全的发展，为他们的终身学习与精神成长打底。"这种滋养不是强行灌输获得，而是需要通过师生的对话巧妙引出。

如何把学生当作人来看？如何通过师生对话巧妙滋养学生？新的课程给出了一份答案。

新课标提出"学习任务群"的概念，以任务为导向，以学习项目为载体，整合学习情境、学习内容、学习方法和学习资源，引导学生在运用语言的过程中提升语文素养，新课标还提出了一整套构想与方案，这对于扭转学生不阅读、不思考的现状，培养学生比较思维、批判思维，提高学生的审美与鉴赏等能力具有现实意义。但放眼当下课堂教学，其实现受到了学生一方应试的重压、教师一方惯性的抵制、先行一方暴露的弊端等诸多因素的制约，对此，我们有必要对新课程课堂教学做些正本清源的思考，需要在教学内容、形式、策略等方面做些强调与探索。

一、教什么：教对永远是第一位的

早在十多年前，王荣生教授就提出"教什么"永远比"如何教"重要的论断，但在新课程铺开后，很多人却在前行中迷失了方向。这种迷失主要有两方面原因：一是源于对任务驱动的浅表性理解：君不见各种活动的任务驱动纷至沓来，如编散文选集、举办诗歌文化节、进行戏剧表演、设计红楼朋友圈……不可否认，这些设计确实激发了学生的积极性，但不少活动与文本内容风马牛不相及，完全偏离了单元教学任务，纯粹是为了任务而任务，使语文失去了学科的本质特性。二是源于"教材只是个例子"的误读。不少教师认为，既然是个例子，那么怎么用主动权便掌握在自己手里，其结果是完全抛开了教材体系，自行确定教学目标与教学内容，使教材编写者的一片苦心付诸东流。

部编版教材编写的一个重要特点就是同样的任务群，在不同的单元中，会各有所侧重。同样是"文学阅读与写作"，有些侧重形象，有些侧重情节，有些侧重语言品位，有些侧重环境与人物的关系，甚至同一单元的不同篇目中，其侧重点也有所不同，如"实用性阅读与交流"中，有些侧重事物说明，有些侧重事理说明，其教学内容必然有所差别。而在不少教师眼中，学记叙文往往是三要素加上手法与主题欣赏；学说明文则将重点放在说明特点、顺序与方法上，缺少对具体文本的深入解读与分析，将同一任务群的所有课文都上成了同一个模样。

对此，我们一定要研读课标与说明，充分利用教材提供的相关信息，确保教学内容正确。一般来说，单元导语提出了单元教学要求，明确了人文专题，规定了该单元的主要内容和教学目标；学习提示点明了教材的学习要点，也即温儒敏教授在编写时强调的抓手；单元学习任务确定了本单元学与教的重点，一般有三个任务：任务一，一般探讨人文价值；任务二，侧重作品内涵的挖掘；任务三，由阅读转向表达交流。

二、怎么教：落实新课标关键指向

新课标设计指向语文学科素养的学习任务旨在引领教学方式的改进。具体而言，需落实如下几个关键词。

关键词一：真实情境。这里的真实主要是贴近学生的真实。笔者以为，可以从三方面入手：一是贴近学生年龄；二是切入当前生活；三是与学生切实相关。只有这样，学生才能融入课堂，让课堂成为师生对话的主阵地，催生思想的交汇处。

关键词二：整合意识。整合的基点是核心素养，整合的对象是教材，整合的目的是确定学习内容，进而变革学习方式，将学生的学习置于特定情境中，以聚合的方式，避免问题的肤浅化、碎片化，增强学习的综合性、探究性、主体性，在提高学生分析、判断能力的同时，重点关注学生思考问题的深度和广度，培养学生思维的广阔性、深刻性、独立性、灵活性与敏捷性，使语文学习的过程成为学生积极主动地探索未知领域的过程。

关键词三：任务意识。这是新课标区别于传统教学的最显著特征，以任务驱动学生开展各种学习，并以此组织各项活动，学生的学习效能得到最为充分的关注。在设置任务时，要注重不同任务之间的有机联系。

关键词四：探究意识。无论是创设真实情境还是整合文本设置任务，最终目的都是让学生真正参与课堂活动，改变原先"满堂灌"或"满堂问"的状况，让学生学会合作，深入探究，进行深度学习，并进入更高阶的学习——个性化阅读、批判性阅读。在这样的学习中，语文不再是肤浅地谈阅读感受，而是在于思维的提升。

为了适应新课程新课堂，我们语文教师需要沉潜下来，对当前教育生态下的语文教学做些有益探索。笔者认为，理想的课堂应该以课堂为核心，本书收录了笔者近年思索而成的一些小文章，大部分散见于各类杂志。其中，"教材解读"是课标与课堂的对接，"教学传真"是对课堂教学的记录与感悟，"课堂观察"是由一节课到整类课的思考，"写作园地"是从阅读教学到写作教学的拓展——由输入到输出的延伸，"高考述评"将课标、教材、课堂、学习、检测、反思连成了一条线，所有这些都是以课堂的守候为核心。

在笔者看来，语文教师应让学生觉得语文学习不是一种负担，而是一种心灵的交汇，是轻松，是享受，是一道大餐，是师生携手同行千年不竭的"精神之旅"。为此，语文教师应保持清醒的头脑，不应迷信，不应低迷，不应麻木，不能等待，要相信自己，提高自己，化繁为简，从本质入手，守

序言

望课堂。笔者相信，只要做到这几点，语文教师也能做到笔者在一首诗中所写的：莫问牡丹真国色，百合亦可绽清芳。

因为时间仓促，本书错漏之处甚多，欢迎广大同人批评指正。

洪方煜

2021年9月于灵湖畔

目 录

CONTENTS

第一辑　教材解读

第二辑　教学传真

第三辑　课堂观察

第四辑　写作园地

目录

第五辑 高考述评

第一辑

教 材 解 读

01

动之以利，晓之以势

——烛之武说辞艺术赏析

《史记·平原君虞卿列传》有言：三寸不烂之舌，强于百万之师。这句话用于烛之武身上最为妥帖。每次读《烛之武退秦师》，笔者总会生出许多感慨，查阅相关资料，总感觉赏析过于寥寥。笔者不揣浅陋，对其说辞艺术做些赏析。

对于烛之武的出场，《左传》运用的是先虚后实式——佚之狐言于郑伯曰："国危矣！若使烛之武见秦君，师必退。"佚之狐是谁？他何来的自信，将国家的命运交付于烛之武身上？如果不成功，他还要押上烛之武与自己的性命。这里没说佚之狐的自信来自何处，但有一点是肯定的，那就是他对烛之武极为熟悉，知道他的论辩艺术，知道他的胆魄，也知道他不会毛遂自荐，必须自己先出来推荐。同时，他已看出见"秦君"，而不是见"晋君"——的玄机：秦晋围郑的起因是郑"无礼于晋，且贰于楚也"，并且，两军没有合围，而是"晋军函陵，秦军氾南"，如果有空子可钻，那就是"秦君"——这个人也是目光如炬，的确是"一只狐"（"佚之狐"的谐音）啊！就在佚之狐信誓旦旦地推举下，烛之武发了一番牢骚，"惊悚"地出阵了——"夜缒而出"。这一段看似与"退秦师"无关，实则与下面的说辞虚实相应，为下面人物形象的塑造张本。

孤身一人深入虎穴，烛之武一介书生，凭什么打动秦伯？而更大的可能是，烛之武一言不合，就成了秦伯的刀下之鬼。显然，开口第一句话极为重要。烛之武深明其理，劈首就来了一句："秦晋围郑，郑既知亡矣。"他的意思很明白，小小的郑国已经被两个大国包围得像铁桶似的，结果不用说谁都知道。现在我不是站在郑国的立场说话，而是置身事外，帮你分析秦国在这件事中得到的好处，跟你一起拉拉家常。一句话打消了秦伯的疑虑与戒备，拉近了双方的距离，为说话创造了良好的氛围。

接下来该说什么？二战时期，英国首相丘吉尔有句名言："世界上没有永远的敌人，也没有永远的朋友，只有永远的利益。"对于国与国之间而言，这句话无疑是至理名言。烛之武很懂这一点："若亡郑而有益于君，敢以烦执事。越国以鄙远，君知其难也。焉用亡郑以陪邻？邻之厚，君之薄也。"实际上，烛之武对秦伯敞开了心扉：你秦君出钱出力，大老远赶来，并非学雷锋做好事，无非利益使然。但问题是，灭了郑国，你秦国与郑国隔得远，即使得到土地也守不住，好处多不了；而晋国与郑国离得近，好处多多。最可怕的结果是，实际上你秦君是为晋君打工，帮晋国增强实力。此消彼长间，您这个国家在诸侯间的竞争力也就相对下降了。这是第一层。"一语点醒梦中人"，秦伯也是聪明人，马上对伐郑起了怀疑。

烛之武知道自己的话起了作用，于是开始表达第二层意思："相反，若舍郑以为东道主，行李之往来，共其乏困，君亦无所害。"这意思很明显，保郑对秦国大有好处。无须动刀动枪，却能得到莫大的好处，亡郑保郑，结果大相径庭，秦伯内心深以为然，不禁为自己的举动吓出一身冷汗。

烛之武知道，这时秦伯已经被自己打动，但秦伯顾虑的是，尽管当年自己将宝贝女儿嫁给了晋君重耳，并派人护送他回晋国当国君，但并非出于救世主之心，让晋国百姓过上安居乐业的生活，而是想以晋国为凭借，找到一块进入中原的跳板。然而，人家重耳好歹在名义上是我女婿，我这样始盟中断，在天下人面前显得也太没有信义了吧？于是，烛之武再次显示出了说话的高超技巧，说了第三层意思："且君尝为晋君赐矣；许君焦、瑕，朝济而夕设版焉，君之所知也。"你看，当年晋惠公不也是您秦君护送到晋国才当了国君吗？可晋惠公是怎样对您的呢？本来答应的两座城池，一转眼就不承认了，这是典型的忘恩负义，过河拆桥。晋国什么时候讲过信义呢？要是说起不讲信义，也是他晋国不讲信义在先啊！这一番话等于为秦伯的毁约找了个台阶。

这时候，烛之武知道，退秦师已是不成问题。问题是，真正要置他们郑国于死地的不是秦国，而是晋国，如何退晋师，保住郑国？你要知道，晋国

第一辑 教材解读

可是重耳亲自带来了他们的虎狼之师，下面还有狐偃、赵衰等将相之材佐助啊，他们可不是容易对付之辈。怎么办？还得往秦君身上打主意，于是烛之武展开了第四层意思："夫晋，何厌之有？既东封郑、又欲肆其西封，若不阙秦，将焉取之？阙秦以利晋，唯君图之。"

烛之武话里的意思是，晋国的眼光可不仅在郑国这一小块土地上，他们图的可是扩大地盘、增强实力、称霸天下的大事。换言之，郑国在秦晋之间充当了隔离带的作用，一旦郑国落入晋国之手，贪得无厌的晋国下一步自然要打秦国的主意，你秦君帮晋君实在是害人终害己啊！一番话说得秦伯心惊肉跳，最终不但自己撤军，而且与郑国结盟，甚至担心这盟约阻挡不了晋军进入郑国的脚步，干脆派出杞子、逢孙、杨孙三员大将帮助郑国守卫。

如果说，烛之武前面三层意思着重从"利"字着眼的话，那么，最后让秦国主动帮助郑国守卫则从"势"着眼，成功地瓦解了秦晋同盟，将郑国的一场大祸消弭于无形。

春秋无义战，我们暂且对这场战争本身正义与否不予评论，毕竟郑伯其人也是残暴之徒，当年，确是他对不起晋文公。一直为后人所称道的"秦晋"之好也不是铁板一块，所谓的联姻也是建立在利益的基础之上的。后来秦晋之间爆发了著名的"崤之战"，郑伯终吃到当年"无礼于晋"的苦果，不得善终，其继承者也重回晋国怀抱，寻求保护。抛开烛之武爱国之类的"高大上"主题不说，单就他的说辞而言，其退秦之所以取得成功，客观上是秦晋各有各的利益打算，没有合兵一处；而主观上就在于烛之武熟悉秦晋之间的历史与利益得失所在，善于洞察秦伯内心，抓住秦伯见利忘义的心理，动之以利，晓之以势，让秦伯在揆利度势间做出了退师助郑的选择，化解了郑国的一场危机，成就了千古美名。

对《庄子·秋水》寓言的多重解读

　　《庄子》以寓言见长，汪洋恣肆、诡奇变幻，这使得他的文章具有浓郁的诗意和浪漫主义色彩。庄子在其《寓言》篇中自叙其著述特点时就明言"寓言十九"，司马迁在《史记·老庄申韩列传》中亦指出其"著书十余万言，大抵率寓言也"。鲁迅先生评价其文章"汪洋辟阖，仪态万方，晚周诸子之作，莫能先也"。庄子文章的"仪态万方"首先来自其寓言的"多义性"。庄子在创造了如此大量、丰富多彩、变化多姿的艺术形式——寓言之时，其寓意却是比较隐蔽、模糊的，具有"形象大于思想"的特点。一个寓言需读者玩味再三，才能领悟其深层含义；同一寓言，不同的人读往往会有不同的理解。正因为如此，对庄子寓言的解释，人们历来众说纷纭。下面笔者试对公认为最能体现庄子哲学思想的文章——《庄子·秋水》中的寓言做一解读。

　　《庄子·秋水》着重写了河伯和海神若的对话。首先展现在我们眼前的是黄河波澜壮阔的景象。无论是"百川灌河"的开阔意境还是"两涘崖渚之间，不辨牛马"的具体描摹，都让人真切地感受到了黄河的雄浑气象，具有强烈的艺术感染力。文章对河伯的描写也相当传神。"欣然自喜"状自得之态，"以天下之美为尽在己"，生动地写出了河伯志得意满的神态，但当面对浩瀚无边的大海时，他只能"望洋而叹"。

　　从哲学的角度进行解读，这寓言告诉人们，人类在认识上常常会出现各种错觉或片面性，而这种片面性往往是很难自我觉察和克服的，只有在具体的实际的认识过程中，当主客体相结合时，其才会认识到这一点。

　　从人类学的角度进行解读，它似乎蕴含了这样的道理：我们在处理人际关系时，要善于听取不同意见，虚心学习别人的长处，与人交往时要有能为

第一辑 教材解读

人下的宽容、和解的态度。在文化心理上，要善于融摄百家，具有极大的开放性和包容性而没有排他性。对于这一点，司马谈在评价道家的学术特点时做了高度的评价："因阴阳之大顺，采儒墨之善，撮名法之要，与时迁移，应物变化，无所不宜。"这种兼收并蓄的文化经过后代的发扬，形成了中华民族开阔的文化襟怀，使中华民族的古老文化能够经久不衰，越来越繁荣昌盛。

从文明学的角度进行解读，河伯看到自己浩荡东流，十分得意，以为天下的水都不能和自己相媲美，但当它来到大海跟前，才发现自己原来是如此渺小，于是发出了"见笑于大方之家"的感叹。这似乎隐约地在向我们昭示：人类文明的轨迹必然是从大河开始，最终走向更加广阔而开放的海洋。

从道德学的角度进行解读，这个寓言似乎在告诫人们：人要有自知之明，其实自高自大是一种无知的表现；个人的认识总是有限的，不可骄傲，只有跳出了自己所局限的井底，才能见到真正的天空；只有认识到天外有天，人上有人，人类才会有比较，才能有鉴别，养成海纳百川，有容乃大的心胸。

再联系接下来的六个寓言（高中教材是节选，这部分未选入），庄子借河神与海神的对话，似乎在告诉我们：从大道的视域出发，万物都分不出贵贱、大小等差别；由个别事物本身的立场出发，万物都以自己为贵，以别物为贱；从世俗的观点看问题，贵贱大小都听凭外在的安排，不由自己做主。从数量的差别去看，从它大的方面而大它，则万物没有不大的；从它小的方面而小它，则万物没有不小的。从人的价值取向、节操品行方面去评价，依据它正确的方面而加以肯定，则万物没有不正确、不伟大的；依据它错误的方面而加以否定，则万物没有不错误、不渺小的。说明万物的大小、贵贱、生死、是非都是相对的，是相互转化的。人与天地万物不仅是平等的，而且是相互依赖而存在着的。为人应顺其自然，一切不可强求，要回到天真的境界。

总之，庄子用智慧来观察世间，借寓言表达对世界的思索，留给了后人无穷的解读空间，为中国文化留下了一座丰富的矿藏。

也说"其正色邪"之标点
——兼谈标点与语境的结合问题

　　《中学语文教学》曾发表了一篇署名"宋世长"的文章，谈的是"天之苍苍，其正色邪？其远而无所至极邪"？（语出《逍遥游》，人教版高中语文第四册第185页）一句中第一个问号的问题。宋老师认为，既然是一个选择问句，那么上述句子中"其正色邪"后面的问号应改为逗号，并以《现代汉语》（黄伯荣、廖东序主编，甘肃人民出版社，1983年）对选择问句的规定为依据：选择问中间的停顿用逗号，问号放在全句的末尾。

　　确实，"选择问中间的停顿用逗号，问号放在全句的末尾"这句话没错，但是仅指一般情况而言，而标点的运用往往同具体的语言环境结合在一起，它在特殊情况下可以在每个分句的末尾用问号，如：

　　（1）吴祥子：对啦！坐下谈谈吧！我们是要命呢？还是要现大洋？（老舍《茶馆》）

　　（2）是站在他们的前头领导他们呢？还是站在他们的后头指手画脚地批评呢？还是站在他们的对面反对他们呢？（毛泽东《湖南农民运动考察报告》）

　　（3）一楼何奇，杜少陵五言绝唱，范希文两字关情，滕子京百废俱兴，吕纯阳三过必醉，诗耶？儒耶？吏耶？仙耶？前不见古人，使我怆然涕下！

　　诸君试看，洞庭湖南极潇湘，扬子江北通巫峡，巴陵山西来爽气，岳州城东道崖疆，渚者，流者，峙者，镇者，此中有真意，问谁领会得来？（岳阳楼上对联）

　　从上面这些例子可以看出，"选择问中间的停顿用逗号，问句放在全句

007

的末尾"并非绝对，所以，许多版本的《现代汉语》在这一句话后面专门做了说明，如胡裕树主编的《现代汉语》是这样说的：如果为了强调，把选择的内容分作几项说，每个句子后边都得用问号。

回到《逍遥游》中的"其正色邪"上。这里还涉及"其"字的用法问题。"其"在古汉语中常表加强语气，例：

（1）表示测度或委婉语气。"大概""恐怕""或许""可能"或不译。

其皆出于此乎？《师说》——（原因）大概都出在这里吧？

（2）表示诘问语气。"难道""怎么""哪里"。

一之谓甚，其可再乎？（《僖公五年》）——一次已经算是过分了，难道可以来第二次吗？

（3）表示命令、祈使语气。"希望""可要"。

攻之不克，围之不继，吾其还也。（《殽之战》）——如果去攻打它，不能取胜；如果包围它，又没有后援部队，我们还是回去吧！

尔其无忘乃父之志！（《伶官传序》）——希望你不要忘记你父亲的心愿！（表期望）

（4）表示虚拟语气。"可""将"。

以残年余力，曾不能毁山之一毛，其如土石何？（《愚公移山》）——凭你的残年余力，还不能拔掉山上的一根草，将对土石怎么办？

显然，对照原文语气，"其正色邪"中的"其"是揣测语气，句末只能用问号。

再从语意上看，选择问第一个分句用问号往往是作者所否定的意思，如上文所举（1）中吴祥子的话，显然是选择要"现大洋"，（2）中的"站在他们的前头领导他们"也是毛泽东要否定的意思，至于（3）中的"诗""儒""吏""仙"，则全是作者所要否定的。而《逍遥游》中，庄子要肯定的是"其远而无所至极"之意，从而为下文的逍遥提供一个广阔的空间，而"正色"则是作者所要否定的。

综上所述，"其正色邪"后面应用问号无疑，教材的注解是正确的，其实宋老师是"不懂庄子的心"。这也告诉我们，标点的用法一定要与具体的语言环境结合起来理解，这样才不至于出错。

尺幅千里，轩腾起伏

——《信陵君窃符救赵》艺术探析

有史公作传如生，爱客若君，真令读者慨慷悲歌不已；

其门馆风流未谢，于今视昔，闻谁能拔抑塞磊落之才？

——信陵君祠楹联

　　虽然司马迁为战国四公子（即魏之信陵君、齐之孟尝君、赵之平原君、楚之春申君）都立了传，但对信陵君却情有独钟，在文中亲切地称他为"公子"。明人茅坤曾这样评论《魏公子列传》："信陵君是太史公胸中得意人，故本传亦太史公得意文。"此言可谓道出了司马迁的心声。司马迁因为李陵事件仗义执言而被牵连下狱，同朝大臣，周遭朋友，没有一个为他说话，满腔报国热情反遭汉武帝猜忌，为完成《史记》，他忍辱偷生，每日愁肠万转，其内心痛苦非常人所能想象，他把对汉武帝的不满、对圣明君主的渴求、对忠义朋友的希冀全都写入了《魏公子列传》当中，满怀热情地赞颂了"能拔抑塞磊落之才"的信陵君。节选的《信陵君窃符救赵》（下文简称《信》）部分更是作者倾注了深情，用心血写成的。下面笔者拟就《信》一文谈谈其艺术特色，借此窥视司马迁在此文上的苦心经营。

一、呼应

　　呼应是指写作中下文对上文叙述的接续与补充，其优点是形成行文上的前呼后应，增强文章的严谨性。《信》文中的呼应有以下三种形式。

第一辑　教材解读

1. 结构上的呼应

《信》文共三部分：第一部分（第1、2段）概述信陵君的身份、为人和他在当时的威望；第二部分（第3、4段）写信陵君与侯嬴的交往过程，是对第一部分概括介绍信陵君"仁而下士"品德的具体描写，与第一部分互为补充；第三部分（第5段至篇末）记叙信陵君窃符救赵的全过程。第一、二部分又是第三部分的铺垫，写信陵君"仁而下士"的品德和行为，后一部分写他"仁而下士"得到的结果，两者相辅相成，紧密衔接，互为呼应。

2. 内容上的呼应

全文写信陵君主要围绕"仁而下士"四字展开：因为他"下士"，所以"士"才"争往归之"；因为他"下士"，所以诸侯"不敢加兵谋魏十余年"，这是本段内容的呼应。接下二段具体写他的"仁而下士"：听到"魏有隐士曰侯嬴，年七十，家贫"，公子"往请，欲厚遗之"；见侯生"不肯受"，于是公子大摆酒宴，亲自驱车去请侯嬴，"虚左"以待侯生；当侯嬴故意过访朱亥，"久立与其客语"时，信陵君"执辔愈恭""颜色愈和"；当侯生提到朱亥是贤者时，公子又前往"数请之"。

在"窃符救赵"事件中，作者仍不忘处处写公子的仁：当秦军围攻邯郸，赵国危在旦夕时，公子"数请魏王，及宾客辩士说王万端"；当魏王畏秦，不听公子之言时，公子"计不独生而令赵亡，乃请宾客，约车骑百余乘，欲以客往赴秦军，与赵俱死"；当如姬"求报父仇者"不能得，"为公子泣"时，公子"使客斩其仇头，敬进如姬"；当侯生分析公子前行军中合符，晋鄙可能不听，让朱亥击杀晋鄙时，公子忍不住哭泣；当公子接过军队时，下令军中"父子俱在军中，父归。兄弟俱在军中，兄归。独子无兄弟，归养"。可以说，"仁"字贯穿"窃符救赵"事件的始终。

3. 手法上的呼应

这里手法上的呼应指的是上文设下悬念或巧施伏笔，下文适时释疑或自然照应的形式。在"自迎侯生"中，侯生的举动有多处很反常："侯生摄敝衣冠，直上载公子上坐，不让""臣有客在市屠中，愿枉车骑过之""侯生下，见其客朱亥，俾倪，故久立与其客语"，更怪的是，侯生还说："今日嬴之为公子亦足矣！"令人费解。接下来，侯生的一番话道出了他的良苦用心："嬴乃夷门抱关者也，而公子亲枉车骑自迎嬴。于众人广坐之中，不宜有所过，今公子故过之。然嬴欲就公子之名，故久立公子车骑市中，过客，以观公子，公子愈恭。市人皆以嬴为小人，而以公子为长者，能下士也。"在"自迎侯生"中，文章借侯生之口提到朱亥，除了试探公子之外，又与下文有关朱亥情节的多次叙述相照应，因此，全文有关朱亥的内容看似闲笔，实则大有深意。在"窃符救赵"中，后来事情的发生——与上文侯生的分析相照应。就这样，文章远设伏笔，近处照应，草蛇灰线，迤逦写来，不疾不徐，不枝不蔓，巧设悬念，置人于云里雾里，适时释疑，将侯生的胸有韬略、足智多谋与对朋友的智慧与忠诚表现得淋漓尽致。

二、跌宕

《信》文情节简单，但由于作者的巧妙安排，使整个故事跌宕起伏，摇曳生姿，环环相扣，层层推进。下面试以"窃符救赵"为例进行说明。

"窃符救赵"可以说是一篇完整的小说，可分为序幕、开端、发展、高潮、结局、尾声六部分。序幕部分交代了背景（老教材在"实持两端以观望"处断开，下面文字另成一段，新教材则将上下两段合在一起，显然是老教材较合理）：秦破赵长平军，又进兵围邯郸，赵国危在旦夕，此时大有黑云压城城欲摧，山雨欲来风满楼之感。公子姊为平原君夫人，"数遗魏王及公子书"，向魏求救。结果魏王派大将晋鄙率军十万救赵。写到这里，赵国有了一线生机，这为一折。这时，秦王派使者威胁魏王，魏王感到恐惧，让晋鄙持两端以观望，使缓和的气氛骤然重趋紧张，这为二折。信陵君也因此成为救赵的关键人物。

发展部分，平原君使者"冠盖相属"到了魏国，以大义相责，信陵君忧心如焚，"数请魏王，及宾客辩士说王万端"，事情似乎有了转机，这是三折。但"魏王畏秦，终不听公子"，刚燃起的一点希望重又破灭，这是四折。此时，信陵君已是计穷，山穷水尽已无路，只待侯生奇计出。

高潮部分先写了两件事：一是曲笔写侯生献计；二是插写如姬窃符报恩。这两件事犹如春风徐来，柳暗花明，救赵重现希望，这是五折。接着写公子至邺矫魏王令代晋鄙，但晋鄙对此感到怀疑，欲抗拒王令，救赵横生枝节，这是六折。这时，朱亥拿出藏于袖中的铁锤击杀了晋鄙，成功地夺取了军权，这是七折。

011

结局与尾声部分交代了救赵及善后事宜，至此故事结束。

文章不事雕琢，从容写来，却将人置于希望—失望—绝望—希望的情感波折中，扣人心弦，让人惊心动魄，手不释卷，直至一口气读完。

三、疏密

作者在写信陵君时，从材料上做了严格剪裁，以及精心安排，既考虑全面，又突出重点，从而使文章疏密有致，繁简得宜。信陵君一生最辉煌的业绩是"窃符救赵"，而实际上这件事是侯生为他策划的，所以，文章详细写了侯生的出山：信陵君听说侯生是个贤者，就"往请，欲厚遗之"，侯生"修身洁行"不肯受。于是，信陵君就专门为他"置酒大会宾客"，并亲自赶车去迎接他，还为他赶车到屠户中拜访朋友朱亥，而侯生见到朱亥后，却"俾倪，故久立与客语"。这时，"从骑皆窃骂侯生"，而"公子色终不变"。到家后，信陵君又引侯生"遍赞宾客"，并且"为寿侯生前"，待侯生为上宾。侯生对信陵君多方试探，信陵君表现出来的只是"执辔愈恭""颜色愈和""色终不变"。信陵君这种礼贤下士的真诚态度深深感动了侯生，终于，侯生同信陵君肝胆相照，为他出谋划策，直至献出自己的生命。同样在"窃符救赵"中起着重要作用的朱亥，因不是计策的提出者，且是通过侯生引出来的，故作者只是一笔带过。作者写侯生，浓墨重彩，写朱亥，惜墨如金，确实做到了当繁则繁，该简则简，详略得当，繁简适宜。

对于侯生献计部分，作者同样写得相当详细：先写信陵君拟赴秦军，这时，侯生没有表态，等信陵君再次回来，他才缜密周详地替他谋划，荐朱亥并助他成功，这里明写侯生，暗写公子，写了他的心理活动："我岂有所失哉？"公子完全没有对侯生冷淡态度的责怪，而只有自责，这种不责他人、先责自己的心理深刻地表现了信陵君虚怀若谷、严于律己的可贵精神，从另一侧面写出了四方之士"争往归之"的原因，又写出了两人的相知之深。正因如此，侯生才会因公子的知遇之恩而有"士为知己死"的举动。同样是这一部分，作者插进的如姬窃符部分，如果让与小说家来做，必是绝好题材，而这里却一笔带过，不肯多写一个字。因为这与表现信陵君的形象关系不大。

另外，在写公子"勒兵"时，作者着重写他的仁慈，而对于真正的交战场面，作者一字未提，只用"进兵击秦军，秦军解去"十四字交代了事情的结果，写战争深得左传之笔法。

作者在材料上该取则取、该舍则舍、该详则详、该略则略，取舍适宜，详略得当，很好地摆正了"疏"与"密"的关系。

四、烘托

烘托手法一般有三种：以人物烘托人物、以事件烘托事件、以环境（气氛）烘托人物。这三种烘托手法在《信》文中都有体现。以人物烘托人物的有：以公子的"欲厚遗之"而侯生不受反烘托侯生的高洁品格；以侯生的故作傲慢来烘托信陵君谦恭；以信陵君的"数请之"，而朱亥"故不复谢"而烘托朱亥的骨气与坚贞；以魏王的持两端以观望来烘托信陵君的急人之困；以信陵君的盲动、轻率、自弃烘托侯生的胸有韬略、足智多谋。以事件烘托事件的有：以平原君使者冠盖相属的紧张气氛来烘托信陵君不能说服魏王的焦虑；以赵王与平原君亲迎公子的隆重场面来烘托信陵君的盖世之功。以环境（气氛）烘托人物的有：以信陵君对侯嬴的态度和宾客的反应来烘托侯嬴的不同寻常；以平原君的急切、魏王的惧秦观望、信陵君欲赴秦军死来烘托侯生巧设奇谋。

此外，《信》文在人物的动作和语言的描绘上、在典型细节的精雕细刻上、在刻画人物的虚实结合上都渗透了作者的匠心，限于篇幅，这里不再展开。

总之，作者挥动手中如椽大笔，倾注满腔深情，于尺幅之间，腾挪起伏，展现了一幅壮阔的画面，艺术地再现了那一段风云历史，讴歌了信陵君礼贤下士、急人之难、救人之危、爱民如子的仁爱思想。其独特的艺术魅力，读之使人"直接当时人，亲睹其事，亲闻其语，使人乍喜乍愕、乍惧乍泣，不能自止"（日本近代学者斋藤正谦语），"真令读者慨慷悲歌不已"。

侯生为何"北乡自刭"

——《信陵君窃符救赵》备课札记

每次研读《信陵君窃符救赵》时，笔者心中总有一个疑问挥之不去：侯生为何要"北乡自刭"？按照后来的情况来看，他完全可以随信陵君去赵国。带着这个疑问，笔者翻阅了相关资料，可惜语焉不详。于是，笔者又查找了相关的古代文化，仔细研读了课文，反复思索认为，侯生的"北乡自刭"可能出于下面原因的考虑。

一、恋乡土

我们中华民族历来就有安土重迁的传统，这种思想根植在每一个炎黄子孙的内心深处。愚公宁可移山也不愿搬家，贺知章是"少小离家老大回"，古代的骚人墨客们奏响了一曲又一曲的思乡之歌，乡愁也因此成了中国文学永恒的主题。笔者认为，作为一个有着浓重的传统的知识分子气质的侯生自然也不例外，因为按课文的交代，侯生已年近七十，出门在外的游子尚且要叶落归根，他这么一大把年纪了怎能背井离乡、远离故土呢？而他在魏国显然又是待不下去的，于是他义无反顾地选择了自杀。

二、坚信念

侯生深知，信陵君仁而下士，宅心仁厚，虽然他听从了自己的意见，但临出发时却哭了，其解释是"晋鄙嚄唶宿将，往恐不听，必当杀之，是以泣耳，岂畏死哉"，这使得侯生有两点疑虑：一是担心信陵君对晋鄙下不了手，影响了却秦救赵的大局，使这以前所有的努力都成了徒劳；二是作为主将，喜怒形之于色或心理留有阴影乃大忌，这时，唯有自己一死，增加一点悲壮，方能使信陵君当机立断，从儿女情长式的氛围中摆脱出来，便于一心去策划军国大事。显然，侯生选择在大军出发之际自杀完全是为了坚定信陵君的信念。

三、移罪责

窃兵符，矫君命，杀晋鄙，夺军权，得罪强敌，无论是哪一件事，都是杀身之罪，此等大事，魏王不可能不追究，而这些计策无一不是侯生想出来的，但真正的执行者却是信陵君。侯生这一自杀显然想将人们的眼光都引向探究他的死因上，这样一来，侯生便于无形之中将大部分责任揽到了自己身上，信陵君的罪责无疑轻了很多。

四、保如姬

正如上文所分析，魏国出了这天大的事，魏王会觉得自己脸面上挂不住，肯定要追究事情的责任人。对于信陵君，侯生料到他救赵事情一解决，便会留在赵国，但另一重要人物——如姬则不然，虽说她是为报答信陵君的大恩而自愿去窃符的，但侯生心里可能会认为，如果他不想出这一招，如姬就不会被牵连到此事中去。而侯生一死，即使魏王能查出事情的真相，也觉得如姬的做法情有可原，而侯生才是"罪魁祸首"。侯生的自杀也有利于此事不了了之。

五、报公子

从文章的记叙中可以看出，侯生足智多谋，老谋深算，胸有韬略，在窃符救赵事件中可称得上是"运筹于帷幄之中，决胜于千里之外"，大有孙子之才。可就是这样一位不可多得的谋士，却一生屈居"夷门抱关者"之低位，从他后来出山及对魏国上下大事了如指掌的情况来看，他不是不想干一番事业，而是得不到这个机会。可以说，他在等待"慧眼识英才"的伯乐来发现他这匹"千里马"。但他这等待的代价也太大了，一直到七十岁才被信陵君识中。信陵君的礼遇无疑让他深为感动，士为知己死，他要报答信陵君这知遇之恩，于是，他帮信陵君出谋划策，竭诚以报。窃符救赵之后，他觉得年事已高，不能再跟信陵君前往赵国，这一生与信陵君的缘分已尽，于是就起了以死报公子的念头。

六、激朱亥

从文章的交代来看，朱亥与侯生的交情非比寻常，但他也仅限于与侯生的交情。朱亥是一个坚贞而有骨气的人，他并不因为信陵君"数存之"而回谢，更没有前往信陵君门下做门客。也就是说，朱亥与信陵君并没有主人与谋士的那种关系，按理说，他不会干"锤杀"大将的事情。但侯生自刭改变了这种状况，当时朱亥可能认为，自己最要好的朋友为这件事绞尽脑汁，最后还献出了生命，那么，他就是为了侯生，也要帮信陵君一个大忙。

七、殉晋鄙

正如信陵君所说，晋鄙乃魏国之"嚄唶宿将"，但考虑到他可能因为拒不交出兵权而被朱亥杀死，侯生总觉心中有愧。侯生选择"至晋鄙军之日北乡自刭"，笔者认为他更多的是出于以死谢罪的考虑。

八、壮军心

为了却秦救赵，侯生费了很大心机，信陵君更是不惜一切代价，在他们看来，此事只许成功，不许失败。但当时的客观情况是秦国国力强大，军队数量远胜于魏军（秦赵长平之战，赵国四十万军队投降，秦军进而围攻邯郸，以此推数，秦军兵力不下四十万），而且刚打了一场胜仗，士气旺盛，魏国若非一鼓作气，很难取胜。古人云：哀兵必胜。侯生自然懂得这一道理。侯生的自杀无疑给全军染上了悲壮的气氛，大大地鼓舞了士气。

九、留高名

封建士人最大的理想是"修身齐家治国平天下"，让自己的一生过得轰轰烈烈，以求名垂青史。综观侯生这一生，"治国平天下"无从说起，能够彪炳千秋的就是成功地策划了"窃符救赵"事件，他在这人生的最辉煌时刻画上了一个句号，无疑使他的声名对后世的影响更大。

十、谢国家

对于传统的知识分子而言，他们身上有浓厚的家国概念——忠于君主，忠于国家。侯生策划窃符救赵之计，主观上是为了报答信陵君的知遇之恩，是出于"小我"之目的，客观上也为六国赢得了喘息之机。但我们可以看到，他这一做法实际上违背了魏王的旨意，而且可能给魏国带来无穷的麻烦。正因如此，侯生在忠义之间难以选择两全，最终采取了以死来谢国家。

上面是笔者对侯生"北乡自刭"原因所做的揣测。当然，侯生的这一决定是基于对晋鄙、魏公子、朱亥的为人有所认识，对夺晋鄙军的危险性也进行了深刻分析而做出的。此外，在侯生看来，他已为信陵君建立"五霸之伐"奠定了基础，可以死而无憾了。因此，无论出于什么考虑，都丝毫无损于侯生的高大形象。

从对《廉颇蔺相如列传》的误读看中小学教材的衔接

　　读五年级的女儿做好作业后，让我检查验收。做的是人教版《将相和》一文的配套练习。其中有人物形象的分析，女儿给出的答案是这样的：

　　赵王：胆小怕事。

　　蔺相如：大智大勇。

　　廉颇：有勇无谋、傲慢无礼、争名夺利、居功自傲、盛气凌人、知错就改。

　　我问女儿，这答案是从哪儿来的，她说老师上课说的。我翻看了练习的答案，果然如此。又查阅了小学这篇课文有关的参考书，表述大同小异，基本也是如此。我仔细核对了一下课文，《将相和》一文大体上就是高中课文《廉颇蔺相如列传》的白话表述。

　　显然，这里对文章存在着极为严重的误读。

一、关于"将相和"这个名称

　　关于"将相和"的名字，从目前的研究来看，最早见于戏剧，而实际上，蔺相如终其一生，不曾为相。在他活跃于赵国历史舞台的年间，按《史记·平原君虞卿列传》的记载，赵相一直是平原君赵胜。平原君赵胜曾经三次短暂去职，但代替他的分别是乐毅、魏冉和田单，而并不是蔺相如。相反地，倒是看上去有点大老粗的廉颇却当过相的。据《史记赵世家》载，赵孝成王十五年（公元前251年）"以尉文封相国廉颇为信平君"。《史记廉颇蔺相如列传》也说"赵以尉文封廉颇为信平君，为假相国"。"假"在古代意为"代理"，廉颇做的是代理之相，这时平原君刚死不久，由廉颇暂摄国政。既然课文是从《廉颇蔺相如列传》移植过来的，那么应该合乎《史记》"信史"的做法，不宜将虚构成分较浓的戏剧中的名称搬过来。否则，我们会给学生一种历史与虚构不分的误导。

实际上，《廉颇蔺相如列传》有三个小故事，分别是《完璧归赵》《渑池之会》《负荆请罪》。即使我们姑且承认"将相和"这个说法成立，这也只是第三个故事的概括。尽管第三个故事与前两个故事密不可分，但以此概括全文故事情节也是不太妥当的。

二、对赵王的误读

《廉颇蔺相如列传》中的赵王是赵惠文王，名叫赵何，是赵武灵王的儿子。赵武灵王最早立的太子是赵章，而不是赵何，只是因为赵武灵王喜欢赵何的母亲，于是就把本来没有资格做太子的赵何立为太子。为了让赵何坐稳国君，赵武灵王提前从国君的位置上退下，让赵何提前即位，目的是将儿子扶上马再送一程。但四年之后，也就是公元前295年，原来被废的太子赵章发动叛乱，被赵何平定。赵何的手下借机将已经退位的赵武灵王包围在沙丘行宫里，断粮断水，直到将赵武灵王活活饿死，这就是历史上有名的"沙丘宫变"。从上面引用的史实可以看出，赵王完全不是一个胆小怕事的人，相反，从他即位之后诛杀自己的兄长，又用非常手段清除自己的父亲赵武灵王来看，他给我们留下了坚韧、残忍、铁腕的形象。

抛开这一段史实不提，单从《廉颇蔺相如列传》一文来看，赵王给人留下胆小怕事印象的大概有以下三点。

一是赵王得到和氏璧后，秦国请求以十五城换璧，赵国上下束手无策。赵王的这种束手无策只是担心和氏璧白白给了人家，当时秦国国力强大，风头正劲，如果赵国在这一件事情上处理不慎，贸然与秦国开战，那么无论胜负，只会给其他国家造成可乘之机（长平之战后，燕国进攻赵国就是个明证）。赵王与群臣商量这一举动恰恰反映了他处事谨慎小心。

二是秦国约赵王在渑池相会，赵王"欲不行"。赵王在担心什么？他担心秦国把他作为人质，以此要挟赵国割地，甚至长时期扣留他，造成赵国政坛动荡，秦国可从中取利。赵王的这种担心并非没有道理，因为在此之前，

第一辑 教材解读

秦昭王也曾以会盟为名将楚怀王邀请到秦国，结果楚怀王一到秦国，就被秦昭王扣押，逼迫楚怀王答应自己的无理要求，楚怀王不同意，就一直被扣押在秦国，直到死后，才被送回楚国。楚国也因此事从此一蹶不振。这里，赵王一人安危事小，赵国存亡事大，作为一国之君，他不能不考虑。

三是渑池之会上，秦王要求赵王击缶，赵王没有拂秦王的意，击了一回缶，令他没想到的是，秦国事先是有准备的，这事马上被秦御史记下了。应当说，这时的形势是秦赵两国国力一强一弱；一主一客；一在暗，一在明；一主动，一被动；一有预谋，一无预谋；赵王在宴会上顾及秦王面子也在情理之中，并不能因此就判定赵王胆小怕事。否则，一着不慎，因此给了秦王借口，不能顺利脱身，反而是因小失大，不划算。

纵观《廉颇蔺相如列传》一文，赵王留下的绝不是胆小怕事，反而是正面的。理由有以下三点。

一是宦者令缪贤"尝有罪"，欲"亡赵走燕"，后听了蔺相如的劝止，肉袒请罪，最终赵王赦免了他。缪贤之所以得以赦免，一方面固然是因自己曾献上和氏璧有功；但另一方面，更是赵王的仁慈宽恕使然。赵王的宽容赢得了缪贤的回报，在赵国危急时刻，缪贤挺身而出，推荐自己门下最得力的门客，解救了赵国的一场危难。

二是前往渑池时，廉颇向赵王提出，"度道里会遇之礼毕，还，不过三十日。三十日不还，则请立太子为王，以绝秦望。"如果站在赵惠文王的角度考虑，他的感受当很复杂：一国之君的废和立是最重要的政治事件，最有发言权的是国君本人，廉颇如此主动地提出如有情况就另立新君，将置我赵王于何地？就上文提到的那个楚怀王来说，在自己被扣之后，楚国太子也是马上即位，因此楚国不急着迎接楚怀王归国，秦国就觉得楚怀王没有了价值，最终导致楚怀王命丧秦国。显然，此举一旦施行，就会陷赵王于危险境地。但最终赵王还是答应了廉颇，此时，他已将个人安危置之度外，想到的是赵国的利益。

三是自从蔺相如完璧归赵以后，赵王论功行赏，加官封爵，一直对他信任有加，凡是重大事件，几乎都可以看到蔺相如的身影。由此可以看出，赵王是一个赏罚分明的贤君。

通过这三点，我们不难看出，赵王是个宽恕仁厚、知人善任、以大局为重、不惜亲身犯险的有道明君。

三、对廉颇的误读

作为战国四大名将之一，廉颇是战国时期一位杰出的军事将领，其征战数十年，攻城无数而未尝败绩。但无论是小学教参还是作业本，除了知错就改之外，我们看到的都是廉颇负面的性格。这哪里是真正的廉颇形象？！

我们先来看上文提到的边境送别。正如上文所分析的，廉颇提出的请立太子是冒了极大的政治风险的，万一赵王心里有疙瘩，廉颇是吃不了兜着走，这与后来明土木堡之变后，于谦奏请太后拥立英宗弟弟祁钰为帝，击退瓦剌，迎回英宗，英宗南宫复辟后诛杀于谦有很大的相似性。这里，我们看到的是廉颇的不顾个人安危，忠心一片，也见出他在政治上的深谋远虑。廉颇的这种做法正如凌登第在《史记评林》中所评析的："廉将军与赵王诀数语，真有古大臣之风，所谓社稷为重者也。世人俱称相如抗秦之功，更无人赏识及此，可为千古鸣邑。"可以说，这是真正的大忠大勇，胆识非凡。而且，后来秦王之所以没有为难赵王，并非慑于蔺相如的气势，更主要的是廉颇在边境上盛兵以待的因素。

再来看负荆请罪。诚然，对蔺相如位居其上，他发了一通牢骚。站在廉颇的角度想，他这番话确是实情，赵王的做法确实有点让他心寒。廉颇心里想了，嘴里就说了，哪怕是羞辱人家，也是先放风，做得光明正大，不像历史上的一些争斗，使绊子，下套子，在背后出黑手，玩阴的。如果说，这是小人的做法，那他也是真小人，这种人格远非那些伪君子可比。而通过后来事情的发展，我们更见出他的公忠体国。这里，他真诚率直的性格更使人觉得可亲可爱。而且，他一与蔺相如交友，两人就成为肝胆相照、至死不渝的好友。这是何等可敬的一种人格！

而且，在读司马迁的《史记》，我们会发现，作者满怀深情地塑造了几类典型：圣君贤相的典型、知遇之恩的典型、朋友之义的典型。而《廉颇蔺相如列传》中体现的那种基于爱国前提的朋友之义，以及那种肝胆相照、光耀日月、永炳千秋的友情，令人读了更是感慨不已。联系司马迁身世，面对李陵事件，满朝文武没有一人出来为李陵讲句公道话，司马迁挺身而出，终遭宫刑的经历，我们更读出了这种友情的可贵。换言之，司马迁是倾注了很

第一辑 教材解读

大心思去写两人的关系的，他们堪为文武之交的万世楷模！

再从司马迁的排名习惯来看，凡是涉及文武排序的，往往是文官在前，武将在后，如大汉三杰中，将萧何、张良放在世家中，韩信则放在了列传中。合传的更是如此，如《孙武吴起列传》。而《廉颇蔺相如列传》则反了过来，可见，在司马迁看来，廉颇在赵国占据着何等重要的地位！关于廉颇与赵国之关系，司马光的评论可谓一针见血，堪为定评："廉颇一生用与不用，实为赵国存亡所系。此真可以为后代用人殷鉴矣。"就是这样的廉颇，在小学课本里被糟蹋成这副样子，岂非咄咄怪事！

显然，小学的这种分析将人物简单化、概念化了。或许有人会说，面对小学生，我们有必要这么较真吗？对于这种看法，笔者不敢苟同。有研究表明，小学阶段是一个人记忆的黄金时期，这一时期记住的内容往往让人终生难忘。一旦我们将这种不正确的说法灌输给学生，一些正确的说法反而会受到拒斥，这样会贻害学生终身，对我们民族文化的传承来说，也会造成巨大的负面影响。从这点上来说，如果中小学教材的编写者碰到有相关的内容，应做好衔接工作，不能各自为战，更不可互唱反调，否则会使我们的教学多做无用功，甚至让学生无所适从。

轩腾起伏尽其妙，尺幅千里巧编织

——试从小说角度解读《琵琶行》

唐宣宗李忱在《吊白居易》中写道："童子解吟《长恨曲》，胡儿能唱《琵琶篇》。"僧惠洪在《冷斋夜话》中这样评论白居易的诗歌："老妪解则录之，不解则易之。"许学夷在《诗源辨体》中则评论白诗"用语流便"。综观前人评论，白诗之所以流传胡汉，老少皆懂，根本原因在于其明白晓畅。笔者以为，《琵琶行》之所以流传千古，除了语言因素之外，其故事、情节诸方面因素也是功不可没。下面不妨就此角度对《琵琶行》做新的解读。

《琵琶行》读来精彩绝伦，易诵易记，首先在于其有故事有情节。这从元人马致远的《青衫泪》和清人蒋士铨的《四弦秋》二者依《琵琶行》演绎而行的两个剧本中不难看出。从这个角度而言，《琵琶行》不仅是诗歌，更是精心巧构的小说，或者说是一篇诗体小说。

从故事来看，文章写了两个故事。

一个是琵琶女的故事，她本是京城人氏，十三岁就学会弹奏琵琶，名声显赫。弹罢曲子，赢得曲师赞扬，妆梳起来，引起秋娘妒忌。五陵少年争赠礼品，一支曲子换来无数绫罗绸缎。击打拍子敲碎钿头云篦，吃喝美酒泼脏血色罗裙。流光容易把人抛，转眼之间，兄弟从军，阿姨身死，身老色衰的她门庭冷落，只好下嫁商人，来到江州。商人重利，两人离多聚少。留下她独守空船，陪伴她的只有惨淡的月光与茫茫的江水。梦回当年，空添悲切……

一个是诗人的故事。诗人自从去年辞别京城，贬官在浔阳，一直卧病。浔阳荒凉偏僻，一年到头听不见管弦奏鸣。诗人居住在湓江附近，低洼潮

第一辑 教材解读

湿，周围只有黄芦苦竹。早上晚间，听见的都是杜鹃的哀鸣与猿猴的悲哭。春江花晨和秋季月夜，只能靠自酌自饮打发时光。能称为音乐的山歌与村笛，呕哑嘲哳，空添自己的悲痛心绪……

两个故事通过音乐联系在了一起：一个独守空船，借乐诉怨；一个送客江头，有酒无乐；一个善弹，一个善听，演绎了一出千古传诵的知音故事，并借音乐写人生的悲与恨。

换言之，是琵琶女的身世让作者想到了自己：琵琶女借音乐赢得了艺名，艺冠群芳；自己借文章赢得了声名，名动京城。琵琶女年长色衰，独守空船；自己因诗招恨，被贬江州。自己不就像琵琶女一样，如倡优所蓄吗？白居易由己及人，对琵琶女抱掬一腔同情之泪：座中泣下谁最多，江州司马青衫湿。更是伤人伤己：由琵琶女的"看"与"被看"想到了自己的"看"与"被看"，由自己的痛苦想到了当时为士大夫所不齿的"琵琶女"的痛苦，最后迸出了"同是天涯沦落人，相逢何必曾相识"的呐喊，从这其中，我们看到了一颗柔软的悲天悯人的心，一种深切的人道主义关怀。这正如《唐宋诗醇》所评："满腔迁谪之感，借商妇以发之，有同病相怜之意焉。比兴相纬，寄托遥深。"

与两个故事相对应，文章在结构上采用了双线结构：一明一暗，严谨缜密。以歌女的遭遇身世为明线：月夜弹琵琶→凄凉话身世→却坐促弦急，以诗人的感受为暗线：一闻琵琶声叹息→又闻此语重唧唧→为君翻作琵琶行。双线交织，汇合在名句"同是天涯沦落人，相逢何必曾相识"上。双线结构使整个叙事既交叉，又汇合，从而拓展了诗的意境，丰富了文章的内涵，增加了文章的美学效果。

从情节来看，作者巧妙地处理了两组关系：变与不变，以及转折与呼应。

先说变与不变这组关系。

从变的角度来说，文章主要有以下几种变化。

一是人物神态、动作、心理的变化。写出场：琵琶女先是"欲语迟"，在"我"的"添酒回灯"与"千呼万唤"下，她才"半遮面"地出来。写演奏：由"转轴拨弦"到"低眉信手"，再到"轻拢慢捻"，直到"曲终收拨"。写心理："放拨""插弦中""整顿衣裳""起""敛容"等一系列的动作与神态恰到好处地折射出了琵琶女的心理。这些描写细细刻画出了琵琶女克服内心矛盾、一吐为快的心理变化。

二是音乐的变化，共有四个层面。曲谱的变化：初为《霓裳》，后《绿腰》。音域的变化：从"大弦嘈嘈""小弦切切"到"嘈嘈切切"。音色的变化：从"大珠小珠"到"间关莺语"，又到"幽咽泉流"，再到"冰泉冷涩"，直到"如裂帛"。音高的变化："弦弦掩抑"到"弦凝绝"，再到"声暂歇"，直到"无声胜有声"，这是低音；由"银瓶乍破"到"铁骑突出"，这是高音。

三是摹写角度的变化，诗人先用听觉来写音乐，"大弦嘈嘈""小弦切切""嘈嘈切切错杂弹"写出了大弦、小弦的交替出现。诗人更多的是把视觉形象、听觉形象联合起来通比音乐，"大珠小珠落玉盘"写音乐的清脆悦耳，"间关莺语"以"莺语"写音乐的轻快流利，"幽咽泉流"写声音的悲抑哽塞，"银瓶乍破水浆迸""铁骑突出刀枪鸣"写音乐由低沉突然转为高亢，这些声音中同时夹杂着各种画面，令人如身临其境，进入了真实的音乐场景，琵琶女的弹奏也因此有了一种回肠荡气、惊心动魄的艺术魅力。

四是人物命运的变化。当年琵琶女艳盖群芳，艺压京城，人妒人捧，年年欢笑；如今年老色衰，门前冷落，委身商人，独守空船。当年诗人诗酒流连，丝竹不绝，高朋满座，其乐融融；如今谪居卧病，有酒无乐，送客惨别，其情凄凄。命运的落差使得文章在情节上波澜起伏，摇曳多姿。

从不变的角度来说，也有两种情况。

一是琵琶女。琵琶女刚开始是"欲语迟""半遮面"，继而是"沉吟放拨""起敛容"，最后结束时是"良久立"，这些一以贯之的犹豫迟疑将琵琶女江湖漂泊、天涯沦落、自惭身世、内心矜持、不愿轻易见人的复杂的内心世界传神地表达了出来。

不变的还有琵琶女的弹奏。无论是前奏曲中的"未成曲调先有情""弦弦掩抑声声思""说尽心中无限事"，还是沉思曲中的"别有幽愁暗恨生"，抑或是尾曲中的"凄凄不似向前声"，都打入了自己的悲凉身世，借音乐抒发了内心的不平与愤懑。

二是诗人。诗人开头是"醉不成欢惨将别"，自叙身世部分"春江花朝秋月夜，往往取酒还独倾"写"醉"；"谪居卧病浔阳城""浔阳地偏无音乐""住近湓东地低湿""杜鹃啼血猿哀鸣""呕哑嘲哳难为听"写

"惨"。这些不变的内容使得作者的天涯迁谪之恨贯穿诗歌始终。

而结尾的"座中泣下谁最多，江州司马青衫湿"则将琵琶女与诗人的悲惨命运推向了高潮，使两者不变的内容合二为一。这种变与不变的巧妙对接使得文章在跌宕中保持情感脉络清晰流动，文脉贯通，浑然一体。

再说转折与呼应这对关系。

从转折来看，白居易这一首诗尺水兴波，轩腾起伏，可以说是"文似看山不喜平"的典范。开头相见部分，诗人"举酒欲饮无管弦"之际，"忽闻水上琵琶声"，为一转；这边厢"寻声暗问弹者谁"，那边厢"琵琶声停欲语迟"，为二转；诗人"移船相近邀相见"，琵琶女是"千呼万唤始出来"，为三转；"出来"之际又是"犹抱琵琶半遮面"，为四转。琵琶女自叙身世部分，从少年时的秋月春风、大红大紫到年长色衰时的门前冷落，再到嫁作人妇后的独守空船，更是将琵琶女从人生的顶峰摔入痛苦的深渊。而琵琶女的弹奏部分更是神龙百变，曲尽其妙，将琵琶女精湛的技艺写得淋漓尽致，有神鬼莫测之机。

从呼应来看，以"说尽心中无限事"为接合点，诗作第二段的琵琶弹奏与第三段琵琶女的身世做到了丝丝入扣，契合无间。

"轻拢慢捻抹复挑，初为《霓裳》后《六幺》。大弦嘈嘈如急雨，小弦切切如私语。嘈嘈切切错杂弹，大珠小珠落玉盘。"这是欢快明朗、清脆悦耳的琵琶声，忽高忽低，交织成起伏生动的乐章，唱出了琵琶女火红的青春时代。

然而，好景不长，"弟走从军阿姨死，暮去朝来颜色故"，琵琶女"年长色衰"，生活变故，门庭冷落。迫于生计，她"老大嫁作商人妇"。此时，琵琶女怎不肝肠寸断？于是旋律又进入"沉思曲"："间关莺语花底滑，幽咽泉流冰下难。冰泉冷涩弦凝绝，凝绝不通声暂歇。别有幽愁暗恨生，此时无声胜有声。"旋律变得冷涩、凝绝，音乐之声暂歇，命运的变化使此时的琵琶女陷入了深深的思考当中……

"银瓶乍破水浆迸，铁骑突出刀枪鸣。曲终收拨当心画，四弦一声如裂帛。"这段音乐情绪高涨起来，并非柳暗花明，而是以刚劲急促、震撼人心的节奏突然振起，琵琶女受伤的心灵本渴望爱情的抚慰，但薄情的丈夫重利轻离别，让她时常空船独守。这一现实更使她痛不欲生，悔恨交加，故而音乐之声如"银瓶乍破水浆迸，铁骑突出刀枪鸣"。高亢激越的旋律正是她对世人重色轻才和丈夫重利寡情的愤怒控诉。收拨一划，"四弦一声如裂帛"，更是愤激的哀号，是对不公平社会现实和命运的抗争。

通过这种呼应，诗人不但写出了琵琶女音乐技艺的高超，而且通过乐曲的变化，表达出演奏者内心情感的起伏与身世的变化，让人如闻其声，如感其情。

除了内容上的呼应，文章的环境烘托也做到了循环呼应，有"草蛇灰线，伏脉千里"之致：文章开头"别时茫茫江浸月"，叙述别时景象，景中含情；"唯见江心秋月白"，文章凄怆的感情仍在扩散，一直渗入被秋月照亮的江心；"绕船月明江水寒"渲染了琵琶女冷落凄凉的心情；"春江花朝秋月夜"将诗人的迁谪之恨完全融入了浔阳江月……环境的前呼后应为整篇作品营造了惝恍迷离的意境，使得琵琶女与作者都恍若沉浸在浔阳江头那一派忧郁的月光里，凄美哀人。

千古一曲琵琶行，句留江上别离情。怅触天涯迁谪恨，相逢不识亦知音。白居易饱含深情，以精巧的构思，跌宕的笔法，尺幅千里，轩腾起伏，神行万变，成就了一篇文质兼美、辉映千古的璀璨篇章，铸就了独步古今、中华少有的诗体小说的典范。

喜乎？悲乎？

——对《项脊轩志》的新解读

　　《项脊轩志》是一篇借记物来叙事抒情的散文名作，前人评价它"不事雕琢而自有风味"，更有甚者称其为"明文第一"。文章借一个小阁子的变迁反映了一个封建大家庭的衰败和离析，小阁子在这里成了作者家庭变异和身世遭遇的见证者，记录了作者的希望和梦想，打上了作者人生喜怒哀乐的烙印。

　　一般论者都认为本篇文章抒发的是自己或喜或悲的感情，如《教师教学用书》这样分析：文章第一部分围绕项脊轩的兴废，写自己年轻时代在这里的生活、家庭的变迁及对母亲和祖母的回忆，抒发自己或喜或悲的感情。其中第一层以"喜"字贯穿，第二层回忆母亲与祖母的往事，用"悲"贯穿，第三层写自己闭门苦读的情景以及小轩多次遭火未焚的事，这是"悲"的进一步补充。第二部分为补记，表现作者丧妻前后的欢乐与悲痛的感情。

　　这里有几点值得商榷：一是第一部分第一层以"喜"字贯穿的说法。从表层来看，这说的没错。"前辟四窗，垣墙周庭，以当南日，日影反照，室始洞然。又杂植兰桂竹木于庭，旧时栏楯，亦遂增胜。借书满架，偃仰啸歌，冥然兀坐，万籁有声；而庭阶寂寂，小鸟时来啄食，人至不去。三五之夜，明月半墙，桂影斑驳，珊珊可爱。"这里有着兰花的幽香、桂花的芬芳、竹子的高洁，有着"月出惊山鸟，时鸣春涧中"的宁静，有着"云破月来花弄影"的悠闲，有着"梨花院落溶溶月，柳絮池塘淡淡风"的安详，好一幅充满诗情画意的图画！在这里，作者怡然自得，达到了内在精神气质与外在环境氛围的和谐统一，的确是非"欢乐"二字不能形容。

但是且慢。我们不能忽略作者的交代。"项脊轩，旧南阁子也。室仅方丈，可容一人居。百年老屋，尘泥渗漉，雨泽下注；每移案，顾视无可置者。又北向，不能得日，日过午已昏。"这里作者寥寥数笔就为我们勾勒了一个衰败、阴冷、凄清的环境。因此，其下面的欢乐与其说是"喜"，还不如说是作者的苦中作乐，寄寓自己的情趣而已。更何况文章后面还交代了"室坏不修"和"然自后余多在外，不常居（实际上是废弃了）"等情况，因此，这里的"喜"实际上是反衬后面的"悲"，以喜写悲，更见其悲。

二是对第三层的分析：第三层写自己闭门苦读的情景以及小轩多次遭火未焚的事，这是"悲"的进一步补充（教材的课后练习还为此专门设计了一道练习）。这里，作者的"闭门苦读""能以足音辨人"与"悲"有何联系？"小轩多次遭火未焚"又怎能说是"悲"，实际上作者是在抒发自己对兴衰无常的感慨。

三是补记部分，这部分是表现作者"丧妻前后的欢乐与悲痛的感情"。从内容上看，这里集中描写了作者与妻子在项脊轩中生活的一些片段。先写妻子"时至轩中，从余问古事，或凭几学书"，勾勒了一幅"共剪西窗烛，共话巴山雨"的情景，写出了两人的情投意合，伉俪情深。接着写妻子"归宁"后转述诸小妹语，虽无肖像神态的描摹，但妻子的音容笑貌呼之欲出，又从侧面点出了妻子对丈夫的敬仰、挚爱。然后写"吾妻死，室坏不修"，虽未道及对妻子的感情，但无限的感伤与深情已深寓其中。最后一句"庭有枇杷树，吾妻死之年所手植也，今已亭亭如盖矣"，作者虽无"不思量，自难忘"的表述，但从作者冷峻的叙述中，如"空床卧听南窗雨，谁复挑灯夜补衣"的诘问，以及"物是人非事事休，欲语泪先流"的描写，我们看到了作者黯然销魂的情状，这是比呼天抢地之态、号啕大哭之音更要摧肝伤肺的无言伤痛。至此我们方才明白，作者前面所有写妻子的"喜"都是伏笔，都是为了表现"悲"之深，"悲"之切。

显然，通篇文章都是写悲的，即使是写喜，也都是衬托悲的。那么，作者写了哪些悲事呢？又是如何进行衬托的呢？

其一，家道败落之悲。作者祖上曾有过显赫的家世，但到了归有光一代，家道中落，叔伯父分家后，家中一片杂乱。"庭中始为篱，已为墙，凡再变矣。"这漫不经心的一笔蕴含了丰富的内容。庭中有篱笆的时候，那是一幅怎样的情景啊！"采菊东篱下，悠然见南山""东篱把酒黄昏后""独立疏篱意无穷""篱落疏疏一径深"，那是文人们悠然神往的一种境界。可惜这一切都被现实生活中的墙所隔断，仅在心底留下了雪泥鸿爪。这客观而冷静的叙述中寄寓着作者深长的感叹。

其二，功业未成之悲。作者从小受着良好的教育，九岁能文，名动乡里，青年时代闭门苦读，希望在科场上博取功名，先大母也希冀他重振家族，对他寄予了厚望，然而几次科考，作者都是名落孙山，辗转间，作者已步入成年，产生了韶华逝去、怀才不遇、有负亲人所望的感慨，这厚望与失望的交织使得作者久积的感情如黄河决堤之水般奔涌而出，在作者的"长号不自禁"之中，使读者也为之抱一腔同情之泪。

其三，亲人亡故之悲。作者幼年失母，稍大后，通过老乳母的回忆与指点，勾起儿时母亲昔日慈祥音容的印象。有着母亲的关爱，那时候作者是何等幸福，可惜这一切都成了遥远的过去。束发期间，先大母亲切、诙谐的话语犹在耳边荡漾，但现在也只能"瞻顾遗迹"慰藉自己的心灵。婚后与妻子的欢乐往事也历历在目，但伊人已去，欢乐不再，斯人独憔悴，睹物唯剩伤怀，思念只增痛苦。

作者"借一阁以寄三世之遗迹"，把这一切都绾合在项脊轩中，小小的阁子浓缩了人生的三大悲事，不大张声势，不做惊人之语，只通过明净的语言，不露声色地娓娓道来，奏响了一曲绵远深长的人生悲歌，有一种撼人心魄的力量，令人读之不觉泪下。这一写法正如明人王锡爵所评："所为抒写怀抱之文，温润典丽，如清庙之瑟，一唱三叹，无意于感人，而欢愉惨恻之思，溢于言语之外。"

状诸葛之多智而近妖

——对诸葛亮的人物形象新解析

　　《三国演义》中的诸葛亮历来被后世奉为忠诚的典型、智慧的化身、用兵的奇才、治国的贤臣，引起后代无数骚人墨客的膜拜和礼赞。最典型者为杜甫，他一生写了大量吟咏诸葛亮的诗歌，从"功盖三分国，名成八阵图"对他显赫功勋的缅怀到"诸葛大名垂宇宙，宗臣遗像肃清高"对他功劳的评定，直到"出师未捷身先死，长使英雄泪满襟"对他功业未成的无穷感叹，字里行间流淌着对诸葛亮深深的敬意。六十二岁的陆游念及自己两鬓苍苍壮志难酬时，唱出了"出师一表真名世，千载谁堪伯仲间"这一气势磅礴、感情勃郁的千古名句，借此表达自己老骥伏枥、壮心不已的情感，以及渴望效法诸葛亮鞠躬尽瘁，干一番与伊、吕相伯仲的报国大业的意愿。

　　在《三国演义》中，罗贯中更是把诸葛亮写成了集古之智谋于一身的神人：出山前，隐居南阳时，先由水镜先生之口说出伏龙、凤雏之说；然后由樊城一战中验证了自己才华的徐庶道出诸葛亮才华更甚其百倍，坚定了刘备非求到诸葛亮不可的心理；在造访诸葛的过程中，诸葛亮动用了朋友、同学崔州平、石广元和孟公威等人从侧面表明自己的高深玄远，再借兄弟诸葛均、岳父黄承彦等之口介绍求见自己之不易，将刘备的胃口高高吊起，将自己的身价抬高到无以复加的地步；三顾茅庐后，一番隆中对，剖析天下三分的大势，刘备死心塌地封他为军师，把所有军国大权都交给了他；出山后，"鱼到南阳方得水，龙飞天外便为霖"，从博望坡大捷到舌战群儒、草船借箭、巧借东风、智料华容、三气周瑜、巧摆八卦、七擒孟获，直到祁山上与司马懿斗智斗勇，无往而不胜。即使因用人不当而造成街亭失守，作者也不忘让他唱一曲空城计，以两千五百名老弱伤残吓走司马懿十五万大军，以至于后人认为写失街亭目的是让诸葛亮唱空城计。到了五丈原上大星遽殒，诸葛亮该无所作为了吧，但作者却神来一笔，来个"死诸葛吓走活仲达"！就是诸葛亮死后仍通过写姜维的智谋来写诸葛亮。怪不得鲁迅先生读了《三国演义》后不禁感叹：状诸葛之多智而近妖。

诸葛亮果真像前人所说的算无遗策，智若天人吗？愚意不见得。我们不妨将诸葛亮与周瑜来一番比较。

先来看两人的军事才能。孙策在江东创立孙吴政权时，周瑜即屡建战功，先后被授予中护军、江夏太守等职，孙权继位后，周瑜指挥东吴大军抗曹操于赤壁，羽扇纶巾，指挥若定，以少胜多，建立了赫赫功勋。在赤壁之战中，诸葛亮抛开借了十万支箭，其他并无所作为。稍后除了七擒孟获，为蜀汉荡平南方以外，其六出祁山、九伐中原均以失败结束，这其中虽有一些客观因素，但主观失误也是重要原因。

再来看两人与主公的关系。孙策与周瑜是一对至交，后来两人还结为连襟，正因如此，孙策在临终前曾嘱托孙权：内事可问张昭，外事可问周瑜。所以，周瑜与孙权的关系是"外托君臣之义，内结骨肉之亲"，从某种程度上说，孙权是将周瑜视为兄长而对待的，毫无夸张地，孙权能对周瑜"言必听，计必从"。而诸葛亮则不然。虽说刘备把军国大事都交给了诸葛亮，但这是有底线的，那就是在不涉及桃园三结义的兄弟之情的情况。当关羽走麦城为陆逊所害后，刘备亲率蜀国倾国之兵杀向东吴，要一举荡平东吴，无论诸葛亮动之以情，还是晓之以利，刘备仍是一意孤行，致有夷陵之祸，蜀国为之付出了惨重的代价。白帝城托孤之后，虽说刘禅以诸葛亮为相父，但在诸葛亮北伐之时，他时不时捣上一乱，最终使诸葛亮功败垂成。对于这种君臣关系，无论诸葛亮何等智慧超群，都无法改变。

最后看他们两人的战略失误。周瑜一生败得最惨的大概就是被后人传为笑柄的"周郎妙计安天下，赔了夫人又折兵"一事了，但这次失败除了对周瑜个人名誉造成巨大损失外，对东吴的国力能有多大影响呢？

再来看诸葛亮的失误。综观诸葛亮一生的失误，笔者以为主要有以下四点。

其一是荆州守将的人选上，关羽实非合适的人选。关羽武艺超卓，又有着三战吕布、温酒斩华雄、千里护嫂过五关斩六将、单刀赴会、水淹七军的光辉业绩，这是他的优点，但这些光辉业绩同时造成了他骄傲自大、目中无人、刚愎自用的性格，以至于东吴陆逊用事时，他把"陆逊小儿"时时挂在口中，最终招致杀身之祸，同时使刘备悲恸欲绝，不听大臣劝告，给蜀走向衰落埋下祸根。若将守荆州的重任交给智勇双全的赵子龙，恐怕结局将是另一番情形。

其二是庞统之死上。庞统之智慧即使不及诸葛亮，当也相差不远，只可惜他归附刘备，还没来得及立下显赫功勋，就过早地死于落凤坡。每次读《三国演义》，笔者总觉得，派庞统取川是一种错误，取川应该由刘备与诸葛亮前往，毕竟他们已配合多年，更加默契些。若庞不死，后来诸葛亮也不会事无巨细大小均要亲自过问，最终落得个"鞠躬尽瘁，死而后已"的局面。

其三是一出祁山路线的选择。蜀魏以秦岭为界对峙，诸葛亮取长安必经秦岭，过秦岭有三条通道：一是东路子午道，其地势险要，不易通过；二是中路褒斜道，路途较近，蜀军可由此攻郡城，取长安，但中有栈道近500里，行军困难；三是西路由阳平关绕到渭水之西的一条大道，此道离长安较远。当时魏强蜀弱，蜀国兴师远征，宜兵贵神速，速战速决。但诸葛亮考虑西路便于蜀军兵力集结和粮草搬运，于是由此道进军。但老谋深算的司马懿早就料定，诸葛一生唯谨慎，他肯定会从西路进军。其结果是诸葛亮所有的战略部署几乎都在他的算计中。此前，魏延曾经建议走东路，由他带五千精兵直接从褒中出发，沿秦岭向东，到子午道后折向北方进行偷袭，若能成功，就可以直取长安。诸葛亮则可从斜谷出发接应，一举平定咸阳以西地区。这是出其不意的取胜战略方针，很合当时的实际情况。因为二地守将夏侯、曹真（此二人皆为诸葛亮战败）绝非诸葛亮对手，则长安指日可下。司马懿的评论可证这一观点："诸葛亮平生谨慎，未敢造次行事。若是吾用兵，先从子午谷取长安，早得多时矣。""诸葛一生唯谨慎"，不使险招坐失良机，也只有"长使英雄泪满襟"了。

其四是街亭之战用人不当。诸葛亮定下进军西路后，于中路设疑兵佯攻，蜀军主力自汉中兵出祁山，街亭是此路战略要地，控制街亭，即掌握战争主动权。倘此地失守，蜀军粮道断绝，后援不继，三郡难保，便会不战自溃。故诸葛亮云："街亭虽小，干系甚重。倘街亭有失，吾大军休矣。"当时司马懿、张郃率二十万人马挥师西进，诸葛亮料其必取街亭。如此重任，必得一稳妥之人镇守方可，但诸葛亮却派了自视甚高、轻敌麻痹、夸夸其谈、目中无人的马谡去把守。司马懿闻马谡守街亭，这样评说："孔明用此人，如何不误事？"诸葛亮对马谡也不完全放心，但一来马谡请战，立下军令状，以"乞斩全家"的担保来表明决心与信心。二来在诸葛亮心中，马谡"自幼饱读兵书，熟谙战法"。设攻心计令孟获就范，设反间计令司马懿下野，可见其人亦非无能之辈。于是诸葛亮对马谡一再叮嘱，同时令王平协助防守绘制"图本"；又唤高翔"屯兵"街亭东北之列柳城，以作策应；再派魏延屯扎街亭之后，以为救援。并令姜维为先锋拟攻陈仓，令赵云出箕谷佯攻郿城。做了这样的布置，诸葛亮自然认为街亭不致有失。诸葛亮的"失算"在于没有看到马谡缺乏作战经历，可为良参而难做良将，也没有对马受命时流露的骄狂情绪予以注意，最终酿成大错。

可以说，诸葛亮的这四次失误对蜀国造成的冲击都是致命性的，在重大的历史关头起了转折作用，从这个意义上来说，周瑜的一点失误根本算不了什么。怪不得有学者读了《三国演义》后忍不住感喟：周瑜死得太冤了，他实在不必气死。

由此看来，虽然罗贯中在主观上想把诸葛亮写成古往今来最完美的理想的贤臣的化身，但客观上他还是相当清醒的。他并没有将诸葛亮写成神人，没有将他神化，并非像鲁迅所评论的那样"状诸葛之多智而近妖"。

向王熙凤学写作

——王熙凤首次出场表演新解读

　　一部《红楼梦》就是一座博大精深的矿藏，不同的人去读它，都会挖掘到自己需要的东西。苏教版必修二选入的《林黛玉进贾府》就是一个丰富的储存点。该文选自《红楼梦》第三回，这一回第一次描写了小说中的一批主要人物及相互间的会面，包括历来为人们所称道的"宝黛初会"。就人物刻画的精彩程度而言，笔者倒觉得，"凤黛初会"较"宝黛初会"更为出彩。综观王熙凤的表演，其出色之处在于，无论是出场设计、肖像描绘，还是言行变化，都始终围绕着主要目的而展开：以贾母为中心，并显示自己在贾府独特的身份与地位。这种紧扣目的、须臾不离的做法正是不少学生写作所缺乏的，笔者不妨就此做些分析，希望对广大学生的写作有所启迪，也算是为王熙凤首次出场表演的解读选择一个新视角。

　　"凤黛初会"可分为三部分。

　　一是出场：

　　一语未了，只听后院中有人笑声，说："我来迟了，不曾迎接远客！"黛玉纳罕道："这些人个个皆敛声屏气，恭肃严整如此，这来者系谁，这样放诞无礼？"心下想时，只见一群媳妇丫鬟围拥着一个人从后房门进来。

　　这里黛玉的纳罕也正是我们读者的困惑。在贾府这样一个"钟鸣鼎食之家，诗书簪缨之族"，讲究的是规矩，是礼仪，出身贵家的王熙凤并非不知，为何她会表现出如此"放诞无礼"？对于迎接远客这样一件大事，她又怎会"来迟"？且比贾府最高统治者贾母还要迟上几分钟？

　　要理解王熙凤的"放诞无礼"，先得揣摩王熙凤先声夺人的说话，其目的有二：一是向贾母告罪，需大声说让贾母听到；二是向林黛玉暗示，"我"不同于常人，其他人不敢"放诞"，但"我"可以。

再来看"来迟"：从客观情况来看，王熙凤的一身打扮确实费时，这从下文王熙凤的肖像描写即可看出，而且，作为贾府的实际管家，她处理事务确实较多；从王熙凤主观角度考虑，如果她与贾母等人一起出场，那么中心人物只能是贾母，而她只是个陪衬，这无疑凸显不出她的身份与地位。因此王熙凤觉得有必要与贾母打个"时间差"，以压倒贾母以外的其他人。从另一方面来看，这也是王熙凤有意突出自己作为当家人的"忙"。显然，这里的"放诞"与"来迟"是王熙凤刻意为之的。

二是肖像的描绘：

这个人打扮与众姑娘不同，彩绣辉煌，恍若神妃仙子：头上戴着金丝八宝攒珠髻，绾着朝阳五凤挂珠钗；项上带着赤金盘螭璎珞圈；裙边系着豆绿宫绦，双衡比目玫瑰佩；身上穿着缕金百蝶穿花大红洋缎窄裉袄，外罩五彩刻丝石青银鼠褂；下着翡翠撒花洋绉裙。一双丹凤三角眼，两弯柳叶吊梢眉，身量苗条，体格风骚，粉面含春威不露，丹唇未启笑先闻。

王熙凤的衣着服饰可用一个成语来概括：珠光宝气。且看她身上穿的是绫罗绸缎，镶的是金、银、宝、珠，除此之外就是翡翠之类的贵重饰物，这些无一不是罕见珍奇之物。这些穿着打扮一方面固然彰显出王熙凤迎接远客的隆重；另一方面，她借此暗示了自己在贾府的高贵地位，非一般媳妇姑娘可比。

三是见林黛玉的言行：

这熙凤携着黛玉的手，上下细细打量了一回，便仍送至贾母身边，因笑道："天下真有这样标致的人物，我今儿才算见了！况且这通身的气派，竟不像老祖宗的外孙女儿，竟是个嫡亲的孙女，怨不得老祖宗天天口头心头一时不忘。只可怜我这妹妹这样命苦，怎么姑妈偏就去世了！"说着，便以帕拭泪。贾母笑道："我才好了，你倒来招我。你妹妹远路才来，身子又弱，也才劝住了，快再休提前话。"这熙凤听了，忙转悲为喜道："正是呢！我一见了妹妹，一心都在她身上了，又是喜欢，又是伤心，竟忘记了老祖宗。该打，该打！"又忙携黛玉之手，问："妹妹几岁了？可也上过学？现吃什么药？在这里不要想家，想要什么吃的、什么玩的，只管告诉我；丫头老婆们不好了，也只管告诉我。"

刚一见面，王熙凤就好像与林黛玉相识了数年一般，极为熟识的样子："携着黛玉的手"显示了她对林黛玉极度的亲热、关心，然而大家不可忽视一个最关键的动作："送回"，其实这是对贾母无声的尊重，这也正是王熙凤对林黛玉亲热的真正原因所在。这里，林黛玉只不过是王熙凤讨贾母喜欢的一个工具。这是动作。

再来看语言："天下真有这样标致的人物，我今儿才算见了！"称赞林黛玉的美丽，不惜到肉麻的程度，简直夸到天上去了。从表面上看，王熙凤这是赞黛玉，实际上她是在赞贾母。这是为何？下面一句"怨不得老祖宗天天口头心头一时不忘"就是证据，且看王熙凤心里：列位看官看着，我想的，就是老祖宗所想的。但王熙凤这里话说快了，出现了一个大破绽：这样标致的人物今儿个才见了，那么，以前没见过喽？听了这话，贾母身边的"三春"肯定不高兴。王熙凤一说出口，大概就意识到了这一点。凤姐毕竟是凤姐，她马上采取了补救措施：况且这通身的气派，竟不像老祖宗的外孙女儿，竟是个嫡亲的孙女。这话的言外之意是：外孙女儿本不该这么标致的，只有嫡亲的孙女这样标致才算正常。听了这话，"三春"自然高兴，更高兴的当然是贾母。

说到这里，王熙凤马上想到，林黛玉是因为母亲去世才投奔到贾府的，而贾母就这么一个女儿，贾母心中的悲痛自然可想而知。一想到这点，王熙凤不失时机地来了一番表演："只可怜我这妹妹这样命苦，怎么姑妈偏就去世了！"说着，便用帕拭泪。弄巧成拙的是，王熙凤只想到贾母的心里，却没想到贾母想的是林黛玉的母亲刚去世，林黛玉身子又弱，如果提起前话，祖孙俩抱头一痛哭，黛玉的身子骨怎么受得住？同时，贾母天生是个享受派，对灾难祸事本就想得开（联系《红楼梦》后面内容不难看出）。对于王熙凤这番话，贾母自是不太受用，但她毕竟是疼爱王熙凤的，于是笑着责了几句：我才好了，你倒来招我。你妹妹远路才来，身子又弱，也才劝住了，快再休提前话。

王熙凤是何等样人？一听贾母言语，马上悟出自己揣摩差了，"忙转悲为喜"道，正是呢！我一见了妹妹，一心都在她身上了，又是喜欢，又是伤心，竟忘记了老祖宗。

诸位看官注意，刚才王熙凤是"用帕拭泪"，现在马上"转悲为喜"，这种本领也只有王熙凤才能做到，估计原来她的那几滴眼泪也是装出来的。至于"一心都在她身上"了，那是障眼法，"竟忘记了老祖宗"才是她的真心话。

当然，既然这么说了，再表演一下是不可少的，于是，王熙凤再次表现了对林黛玉爱护、关心的一面：

又忙携黛玉之手，问："妹妹几岁了？可也上过学？现吃什么药？在这里不要想家，想要什么吃的，什么玩的，只管告诉我，丫头老婆们不好了，也只管告诉我。"一面又问婆子们："林姑娘的行李东西可搬进来了？带了几个人来？你们赶早打扫两间下房，让他们去歇歇。"

仔细分析王熙凤寒暄式的关爱，我们会发现其不合情理之处：对于她连珠炮式的问题，林黛玉能答上吗？答案只有一个解释，那就是王熙凤原不指望林黛玉回答这些问题，因为她根本没留给林黛玉回答的空隙。所有这些关爱都不过是假惺惺地在贾母面前装装样子罢了。相反地，如果我们细细诵读会发现，王熙凤的重心是落在两个"只管"上，更多地在炫耀自己在贾府的高贵地位，又似乎在暗示林黛玉：别看现在大家对你宝贝得不得了，到了贾府，我可是管家的，一切由我说了算。

上述这些文字淋漓尽致地刻画了王熙凤的善于逢迎和做作，可以说，她的一举一动、一笑一颦全是冲着贾母而来，为的是时时处处讨贾母喜欢，同时不忘炫耀自己在贾府至高无上的地位。总之，说她见风使舵也好，说她随机应变也罢，但有一点是肯定的，那就是万变不离其宗，紧紧围绕上述这一中心目标而展开。这正是她深得贾母欢心，成为贾府掌权人的原因。反观学生的写作，不少学生写议论文不懂围绕观点展开，扣住关键词句行文；写记叙文不懂在写作中时时关照题意，只知道结尾硬生生点题，笔法呆滞，致使题意含糊，中心不明，最后落得个"两个黄鹂鸣翠柳——不知所云；一行白鹭上青天——离题万里"的下场。如果学生在写作时多学学王熙凤这种本领，笔者相信，学生作文所写的内容哪怕是"落木千山天远大"，也会"澄江一道月分明"。

细微之处显匠心

——《林黛玉进贾府》的人物出场

　　《林黛玉进贾府》节选自《红楼梦》第三回，是全书序幕的一个组成部分。《红楼梦》的序幕由前五回构成，分别从不同角度为全书情节的开展做了必要的交代。它们之间既有联系，又各有侧重。第三回是介绍小说的典型环境，通过林黛玉的耳闻目睹对贾府做了第一次直接描写。同时，作者还借黛玉进贾府按拜望自己的长辈，与同辈姊妹见面的封建贵族家庭的礼俗，让贾府中一些重要人物首次亮相，并为主人公林黛玉和贾宝玉第一次见面做了安排。

　　中国古代小说和戏剧都十分重视人物第一次登场亮相，通过外貌描写，初步显示人物性格特点，给人初次但不易忘怀的印象，在《林黛玉进贾府》的人物出场上，作者安排了各种各样的出场方式，显示了作者经营的匠心，令人叹为观止。

　　课文主要写了以下几种出场方式。

一、众星拱月式

　　写的对象是贾母。贾母史太君是荣国府活着的老祖宗，处于荣国府最高地位。虽然她年事已高，早就将家政交由儿媳王夫人掌管，但她的存在本身仍对荣国府内部事务产生着决定性的影响。所以她是率先出场：林黛玉方进入房时，只见两个人搀着一位鬓发如银的老母迎上来，林黛玉便知是她外祖母。由于身份的特殊，她由邢夫人、王夫人亲自搀着，身后还跟着李纨与一大帮下人，显示了尊崇的地位。

二、一笔带出式

虽然邢夫人是林黛玉的大舅母，但在贾府中地位不高；虽然王夫人是荣国府在位的当家主妇，但她对一些事务性的工作很少经手，将这些交给了年轻、机巧、泼辣的娘家侄女、婆家侄儿媳妇王熙凤，让她来帮忙操持家务；李纨则是长孙媳妇，因这三人地位高，故她们跟在贾母后面出场。但由于在后文中相对出面较少，不是最主要人物，因此作者用了较少的笔墨一笔带过：贾母——指与黛玉："这是你大舅母，这是你二舅母，这是你先珠大哥的媳妇珠大嫂子。"

三、集体亮相式

对贾府三姐妹，她们都是贾母的孙女，宜一起出来，于是作者就采取了集体亮相式：不一时，只见三个奶嬷嬷并五六个丫鬟，簇拥着三个姊妹来了。第一个肌肤微丰，合中身材，腮凝新荔，鼻腻鹅脂，温柔沉默，观之可亲。第二个削肩细腰，长挑身材，鸭蛋脸面，俊眼修眉，顾盼神飞，文彩精华，见之忘俗。第三个身量未足，形容尚小。其钗环裙袄，三人皆是一样的妆饰。这样的安排既合乎常规，又省了不少笔墨。

四、先声夺人式

王熙凤的出场则不宜过早，早了显不出她作为贾府实际当家人的忙碌来，也显得她过于热情，显不出她在贾府中的权势。对于她的出场，作者很是花了一番心思：一开始是人未到笑声先到，"我来迟了，不曾迎接远客！"使在场的人未见其人，先闻其声，使初来的黛玉纳罕道，"这些人个个皆敛声屏气，恭肃严整如此，这来者系谁，这样放诞无礼？"众人都"敛声屏气""恭肃严整"，她却又说又笑，"放诞无礼"。只有这样写，才符合她特殊的地位身份，才能表现出她泼辣的性格。

五、幕后交代式

对于贾赦、贾政，作者则采取了幕后交代式，贾赦懒于日常的接待，他找的借口是"连日身上不好，见了姑娘彼此倒伤心，暂且不忍相见"，贾政则烦于俗事的处理，找了个"斋戒"的借口避开，人物出场的形式着重与他们的性情结合起来。

六、虚实相映式

至于贾宝玉，他是"衔玉"而生，是贾母的心尖儿宝贝，王夫人的儿子，贾氏家族光宗耀祖的希望，是他们的命根子。作者对他的出场花的心思也最多。

在出场以前，作者先借王夫人之口叙述贾政对他的评价：王夫人因说："你舅舅今日斋戒去了，再见罢。只是有一句话嘱咐你：你三个姊妹倒都极好，以后一处念书认字学针线，或是偶一顽笑，都有尽让的。但我不放心的最是一件：我有一个孽根祸胎，是家里的'混世魔王'，今日因庙里还愿去了，尚未回来，晚间你看见便知了。你只以后不要睬他，你这些姊妹都不敢沾惹他的。"

接着通过林黛玉回忆母亲的话再侧写一笔：黛玉亦常听得母亲说过，二舅母生的有个表兄，乃衔玉而诞，顽劣异常，极恶读书，最喜在内帏厮混，外祖母又极溺爱，无人敢管。

接下来再写王夫人眼中的贾宝玉：王夫人笑道："你不知道原故：他与别人不同，自幼因老太太疼爱，原系同姊妹们一处娇养惯了的。若姊妹们有日不理他，他倒还安静些，纵然他没趣，不过出了二门，背地里拿着他两个小幺儿出气，咕唧一会子就完了。若这一日姊妹们和他多说一句话，他心里一乐，便生出多少事来。所以嘱咐你别睬他。他嘴里一时甜言蜜语，一时有天无日，一时又疯疯傻傻，只休信他。"

在再三渲染的基础上，作者才安排贾宝玉出场：一语未了，只听外面一阵脚步响，丫鬟进来笑道："宝玉来了！"黛玉心中正疑惑着："这个宝玉，不知是怎生个惫懒人物，懵懂顽童？"——倒不见那蠢物也罢了。心中想着，忽见丫鬟话未报完，已进来了一位年轻的公子：头上戴着束发嵌宝紫金冠，齐眉勒着二龙抢珠金抹额，穿一件二色金百蝶穿花大红箭袖，束着五彩丝攒花结长穗宫绦，外罩石青起花八团倭锻排穗褂，登着青缎粉底小朝靴。面若中秋之月，色如春晓之花，鬓若刀裁，眉如墨画，面如桃瓣，目若秋波。虽怒时而若笑，即瞋视而有情。项上金螭璎珞，又有一根五色丝绦，系着一块美玉。

在黛玉的眼中，宝玉毫无惫懒、懵懂之气，而是一个眉清目秀、英俊多情的年轻人，心理上反而产生出亲切之意。显然，作者用意是通过众人眼中的宝玉与林黛玉眼中的宝玉的不同，对比突出贾宝玉的性格特点，也为贾宝玉和林黛玉的爱情故事做了铺垫。

各种不同的出场时间与方式显示了这些人物的身份、性格、情趣，展现了《红楼梦》中丰富的人物群像，为下文的情节发展奠定了坚实的基础，细节之中显示了作者非凡的功力，凸现了作者的匠心。

隔阂：民族永远的伤痛

——对《祝福》主题的新解读

关于《祝福》的主旨，历来至少存在三种解读方式。

传统的解读带有更多的政治色彩，典型的是高远东发表于《鲁迅研究月刊》1989年第2期的《〈祝福〉：儒道释吃人的寓言》一文，作者引用毛泽东关于"政权、族权、神权、夫权，代表了全部封建宗法的思想和制度，是束缚中国人民特别是农民的四条极大的绳索"的论断（参看《湖南农民运动考察报告》）来说明祥林嫂的悲剧，强调了"族权、神权、夫权"在祥林嫂悲剧命运中的作用。这种政治解读带有过去时代的烙印，其局限是缺少文本的时代意义。

史志谨在《〈祝福〉解读》一文中则从社会角度做了解读，他认为鲁镇是一个封闭式的社会，受到了理学严密的思想统制，弥漫着浓厚的迷信气氛，镇上的人们对受苦人表现出令人战栗的凉薄与冷漠，这些要素构成了祥林嫂活动的典型环境，共同造成了祥林嫂的悲剧。这种解读抓住了小说的特质："真实地再现典型环境中的典型人物。"

如果单从一般小说来看，这种解读是没问题的。但《祝福》这篇小说的特殊之处是，于小说主人公祥林嫂之外，小说的开头结尾花了大量笔墨写了"我"的一些事情，这些内容简单地以"我"的所见、所闻、所感作为小说的线索下论断显然是简单了些。对此，钱理群教授的看法是：小说写了"我"的故事与祥林嫂的故事，这种从叙事角度的解读别有新意，钱教授认为，在《祝福》里，当村民们尽情地"鉴赏"（"看"）祥林嫂的痛苦时，读者又分明地感到，在这背后，还有叙述者的"我"（以及隐含作者）在

第一辑 教材解读

"看"：用悲悯的眼光观照祥林嫂被"鉴赏"的屈辱与不幸，更冷眼嘲讽着"看客"的麻木与残酷。换言之，钱教授更强调在祥林嫂的故事里所内含着的"看与被看"两项对立模式，而祥林嫂正是这"无主名无意识的杀人团"的祭坛上的牺牲品。作为鲁迅研究的宗师，钱教授目光如炬，发人之所未发，确实给了我们震撼性的结论。

然而，"故事永远是旧的，也永远是新的"。鲁迅的小说之所以成为经典，还在于其作品的常读常新。下面笔者试从人性的角度重新对《祝福》做一番审视。

先说祥林嫂的故事。

不妨从小说的高潮入笔。祥林嫂二到鲁镇，人生遭受了巨大的打击，内心极其悲痛，但她并没有放弃，她向人们诉说自己的不幸，以求得别人的同情。起初，听了她的悲惨故事，镇上的男人们"往往敛起笑容，没趣的走了开去"；女人们则"不独宽恕了她似的，脸上立刻改换了鄙薄的神气，还要陪出许多眼泪来"。接着，村里的男人女人们从四面八方"寻来"听祥林嫂讲述她的阿毛被狼吃了的悲惨故事，"直到她说到呜咽，他们也就一齐流下了那停在眼角上的眼泪，叹息一番，满足地去了，一面还纷纷地评论着"，最后，大家也都听得纯熟了，"便是最慈悲的念佛的老太太们，眼里也再不见有一点泪的痕迹"。最终，"全镇的人们几乎都能背诵她的话，一听到就烦厌得头痛"。

之前镇上的人们是"冷冷""鄙薄""笑"，听了先是"宽恕"，继而"评论"，最后是"厌烦""唾弃"。这些人并非天生冷漠，但在这些自私的人群中，一些可怜的同情也被周围环境所稀释。在整个过程中，他们是观赏多于同情。当祥林嫂的讲述没了新鲜感时，他们自然是"厌烦""唾弃"。换言之，自始至终，他们并没有站在祥林嫂的内心感受她的痛楚，只把她当作"玩物"给无聊的生活增添点"乐趣"而已。在他们看来，祥林嫂始终是一个不祥之物。这一点，祥林嫂自己的体会很深切，"她未必知道她的悲哀经大家咀嚼赏鉴了许多天，早已成为渣滓，只值得烦厌和唾弃；但从人们的笑影上，也仿佛觉得这冷漠、尖酸，自己再没有开口的必要了"。既然没有必要说，那所有的"痛苦"只能压在心底，整天闷着，尤其是捐了门槛仍不允碰福礼以后，作者这样写道："这一回她的变化非常大，第二天，不但眼睛陷下去，连精神也更不济了。而且很胆怯，不独怕暗夜，怕黑影，即使看见人，虽是自己的主人，也总惴惴的，有如在白天出穴游行的小鼠，否则呆坐着，直是一个木偶人。不半年，头发也花白起来了，记性尤其坏，甚而至于常常忘却了去淘米。"

鲁四老爷也好，他只关心他的祝福；镇上的人们也罢，他们想的是让自己"活得有趣"，正如"林黛玉出的是香汗，焦大出的是臭汗"，永远不会体会到对方心理一般，他们之间是很难理解对方的。因为这些人毕竟不是同一世界的人。就这样，"这百无聊赖的祥林嫂，被人们弃在尘芥堆中的，看得厌倦了的陈旧的玩物，先前还将形骸露在尘芥里"，最终的结局只有一个，"使厌见者不见"，"被无常打扫得干干净净了"。

同为帮工，很有可能也是寡妇身份的柳妈怎样呢？先看作者的描写："柳妈的打皱的脸也笑起来，使她蹙缩得像一个核桃，干枯的小眼睛一看祥林嫂的额角，又钉住她的眼"，显然，她也是居高临下，对祥林嫂是持打趣、嘲弄态度的；尽管有人认为后来柳妈劝祥林嫂捐门槛在主观上有帮助的意思，但笔者认为，这也是炫耀自己见识广博，且出于积点德、行点善的老女人心理，并非真正体会到祥林嫂的悲痛苦闷。

那小说中的"我"呢？"我"显然对祥林嫂怀有深切的同情，但面对祥林嫂有关灵魂的追问，对这类形而上意味的深层问题缺乏关注与思考的"我"又落入"说出真实"与"说谎"的两难境地，其结果是"我"并没有深究祥林嫂的心理与想法，而是想着自己的困窘与责任，终于以"说不清"即中国传统的中庸之道回避了对问题的明确回答。这使得祥林嫂更陷入绝望、苦闷的深渊，再也找不到活下去的理由了。

显然，在祥林嫂的四周，无论是她的婆婆、大伯，无论是鲁四老爷、四婶，抑或是镇上的那些人们，甚至主观上有点想"帮助"（我们姑且这样认为）祥林嫂的柳妈和"我"，都对祥林嫂之死负有一定的责任。这些人或是逼，或是吓，或是讽刺，或是挖苦，如一间铁屋子般将祥林嫂重重围住，使得祥林嫂在精神上陷于极度的惊吓、恐惧、苦闷之中，最终走向崩溃的境地，直至走上死路。这正如作家丁玲所总结的："祥林嫂是非死不行的，同情她的人和冷酷的人，自私的人，是一样地把她往死里赶，是一样使她精神上增加痛苦。"从这一角度而言，与其说祥林嫂是饿死、老死，不如说是人与人之间无形的隔阂使她陷于无人理解、无人同情之中苦闷而死。因为所有外在的因素都是通过祥林嫂自己这个"载体"而实现作用的。

再来说"我"的故事。

"我"回到故乡，因为没有"家"的缘故，暂寓在鲁四老爷的宅子里。鲁四老爷是"我"的本家，比"我"长一辈，在"我"外出的那些日子，他并没有大变，单是老了些。作者先写"我"与鲁四老爷的见面：一见面是寒暄，寒暄之后说我"胖了"，说我"胖了"之后即大骂其新党。"胖了"的背后既含有对"我"作为新派人士"发达了"的讥讽，也是对自己的境遇大不如前的不满。"大骂其新党"则更有意思，鲁四老爷连康有为的新党都骂，那么"我"作为五四以后的进步人士，更不被鲁四老爷所容。鲁四老爷此举就差指着"我"的鼻子骂了。其结果是"谈话是总不投机的了，于是不多久，我便一个人剩在书房里"，一个"剩"字写出了"我"与鲁四老爷的隔阂之深。

既然是故乡，那么"我"肯定还有本家和朋友。但小说接下来是这样写的："第二天我起得很迟，午饭之后，出去看了几个本家和朋友"，"起得很迟"，且是"午饭之后"，可能有两个原因：一是"我"的疲劳与慵懒，二是他们之间有隔阂。但通过接下来的文字，我们可见出作者更倾向后者："他们也都没有什么大改变，单是老了些"，换言之，他们同鲁四老爷一样，社会已经经历了清朝退位、民国新建，但这些人没什么变化，"我"跟他们自然也是话不投机。

那么，鲁镇社会怎样呢？祥林嫂的事情给"我"造成的复杂心理不必说，鲁四老爷灰暗的书房里，墙上是陈抟老祖写的朱拓的大"寿"字，桌上的书是未必完全的《康熙字典》，还有《近思录集注》和《四书衬》。而鲁镇的天空，满天是祝福的爆竹，年年如此，家家如此，再加上满天的雪花，"夹着烟霭和忙碌的气色，将鲁镇乱成一团糟"——"我"注定与这停滞不变的"鲁镇社会"格格不入，于是，"我""明天决计要走"。

再将眼光放远些。作者在讲祥林嫂故事之前有这么一段文字："阴沉的雪天里，在无聊的书房里，这不安愈加强烈了。不如走罢，明天进城去。福兴楼的清炖鱼翅，一元一大盘，价廉物美，现在不知增价了否？往日同游的朋友，虽然已经云散，然而鱼翅是不可不吃的，即使只有我一个……无论如何，我明天决计要走了。"鲁镇社会不必说，城里往日同游的朋友也已经云散，甚至连一个同吃鱼翅的朋友也难找到。看来，整个故乡，包括城里，都与"我"有了无端的隔阂。

这种人与人之间如隔了高墙一般的隔阂与故乡中"我"与"中年闰土"之间的隔阂何其相似！显然，这与鲁迅先生解剖社会，揭出国民劣根性的一贯主张是一脉相承的。遗憾的是，这种隔阂在当今社会仍然繁衍生息，绵延不绝，成了中华民族永远的伤痛。教材编写者将这篇小说收入"永远新的旧故事"模块里，也许意义正在于此吧。

手捧《祝福》，先生那深邃的思想、悲悯的力量与理性的烛照有着强烈的时空穿透力，至今读来，仍令人掩卷长思。

第一辑 教材解读

闲笔不"闲"

——对《祝福》的"微观"解读

真正的大作家对待文字极其认真，他们的作品往往达到了"增一字则肥，减一字则瘦"的地步，正如有评论者赞赏《红楼梦》所说的："余香满口，品之不足，凝练到不能增一字减一字的地步。"在这方面，鲁迅先生无疑是个典范。旅日诗人、翻译家田原曾说过这么一段话："我觉得中国作家普遍的弱点在于他们小说语言的繁冗——即语言不够简约，这其实也是当代汉语的一个弱点。鲁迅作品的伟大跟他的小说语言中没有废话有一定关联。"确实，鲁迅先生的文章，哪怕是一些闲笔，细细品味，也是大有作用的。下面笔者试着从这个"微观"角度解读鲁迅先生的《祝福》，谈谈先生用笔的闲处不"闲"。

"我"的故事里。作者以闲笔写"我"与鲁四老爷的见面话不投机，"大骂其新党"大有"对着和尚骂秃驴"的味道。"话不投机"的结果是"我"便一个人"剩"在书房里，百无聊赖地看鲁四老爷书房里的那些摆设，那脱了上联的对联，那朱拓的大"寿"字，那未必完全的《康熙字典》《近思录集注》和《四书衬》，这些闲笔既写出了鲁四老爷的慵懒、矛盾、复杂、虚伪，也写出了"我"与鲁四老爷的隔阂之深。

这种隔阂还体现在"我"与故乡其他人——几个本家和朋友之间，他们同鲁四老爷一样，没什么变化，"我"跟他们自然也是话不投机。

鲁迅先生除了多用闲笔特色之外，还喜欢在闲笔里运用闲笔。这里的"一元一大盘"即是其例。下面我们就这个话题的分析进入祥林嫂的故事。对于《祝福》中提到的经济账，不少专家、教师有较多论述，主要有五处：

①福兴楼的清炖鱼翅：一元一大盘。②祥林嫂初到鲁家的工钱：每月500文。③婆婆从鲁家支走的祥林嫂的工钱：1750文。④婆婆卖祥林嫂所得的钱：80千。其中娶亲用50千，剩10多千。⑤祥林嫂捐门槛的钱：12千。

参照课文注解，这里的1元等于1000文钱。综合全文来看，作者在这里看似不经意的闲笔向我们传达了以下诸多信息。

一是婆婆的精明、刻薄、自私。婆婆在家将祥林嫂当成奴隶（这一点从祥林嫂初到鲁家，食物不论，力气不惜，实在比勤快的男人还勤快，祥林嫂却感到"满足"，"口角边渐渐有了笑影，脸上也白胖了"等句子中可比较看出）；到鲁镇后如数拿走祥林嫂在鲁四老爷家当佣工的工钱；最后甚至将她卖到深山野墺里，到手的钱给二儿子送财礼、办喜事尚有盈余。

二是祥林嫂反抗时的巨大代价与满怀期望，以及反抗无果后的沉重打击。祥林嫂花了约两年的工钱捐门槛，最后的结果仍然是没有人把她当人看，她的身心遭受重创。哀莫大于心死，可以说，最后祥林嫂悲惨地死去，相当一部分原因在于她自己的"心死"。

三是鲁四老爷一家对祥林嫂的剥削之重。鲁四老爷一家并非有些论者所说的"收留"祥林嫂出于善心，实在是这样的雇用太划算："（祥林嫂）比勤快的男人还勤快，年底的工作全是一人担当，竟没有添一个短工"，而工钱每月只有500文，只够买福兴楼半盘"物廉价美"的鱼翅。

关于这一点，后文也有一处闲笔：

鲁镇永远是过新年，腊月二十以后就忙起来了。<u>四叔家里这回须雇男短工，还是忙不过来，另叫柳妈做帮手</u>，杀鸡，宰鹅；然而柳妈是善女人，吃素，不杀生的，只肯洗器皿。祥林嫂除烧火之外，没有别的事，却闲着了，坐着只看柳妈洗器皿。微雪点点的下来了。

其中划线的句子除了呼应前文"人们都说鲁四老爷家雇着了女工，实在比勤快的男人还勤快"外，还说明了鲁四老爷家在"祝福"时共有三名佣工与短工，换言之，在祥林嫂初到鲁镇的时候，这些工作都是她一个人做的。祥林嫂一个顶仨，工钱不高，正说明了鲁四老爷对祥林嫂的经济剥削之重。

当然，这一处闲笔还有三个功用：一是呼应上文四叔对四婶的告诫，让祥林嫂不能碰祭祀用品，突出了鲁四老爷一家对祥林嫂的精神摧残；二是为柳妈的出现做铺垫，进而推动下文捐门槛等情节的发展；三是烘托了祥林嫂

第一辑 教材解读

内心的悲凉："微雪点点地下来了。"那雪不只下在鲁镇，更是下在祥林嫂的心里，有一种渗入骨髓的悲凉。

最后说一下祥林嫂的称呼问题。祥林嫂在出嫁前肯定有名字，就像很多农村男子叫狗剩、柱子一样，祥林嫂也可能有二丫、妮子之类的小名，出嫁之后（实际上祥林嫂是童养媳，童养媳就是从小被人抱养，长大成年后，就要成为那家的儿媳妇），人们通常冠之以丈夫之名，从这可以看出祥林嫂完全是她男人的附属品，这是说祥林嫂出身的卑贱以及身世的可悲。但在祥林嫂转嫁之后，这个称呼就有点麻烦了。鲁迅先生用一句闲笔做了交代：大家仍然叫她祥林嫂。先生大概担心读者忽略了这句话的用意，于是又在下文做了一句强调：镇上的人们也仍然叫她祥林嫂。

看来作者这话内有玄机。如果祥林活着或者死了，祥林嫂没转嫁，叫她祥林嫂，那是天经地义的事。问题是，现在她嫁的第二个丈夫叫贺老六，按理说，人们应该叫她老六嫂，或者不怕麻烦，叫祥林老六嫂。但镇上的人们并没有这样叫。显然，这称呼的背后至少有两点考虑：一方面是为了图方便，叫顺口了，不想改；另一方面，或许是更主要的，那就是在那些镇上的人们看来，祥林嫂只有第一个丈夫算数，因为他们的脑子里根深蒂固地存在着诸如"好马不配二鞍""烈女不事二夫"之类的思想，而这也正是祥林嫂改嫁时"出格"的哭闹的真正原因。这种思想是形成鲁镇社会的思想土壤，与作者着力营造的祝福气氛一起构成了祥林嫂悲剧的外部环境。

人与人之间隔阂至深，外部环境"风霜刀剑严相逼"，内心世界痛苦与折磨如形随影，始终相伴……找不到出路、无人倾诉的祥林嫂就这样在"内煎外迫"中被逼上了绝路，走完了她"没有春天"的一生，而这一切相当部分是由"闲笔"完成的，这正是鲁迅先生作为一位伟大作家的匠心所在。

对《咬文嚼字》的咬文嚼字

朱光潜先生的《咬文嚼字》以一位美学家特有的敏锐捕捉到了不同语言间的细微差别，为成语"咬文嚼字"做出了一篇翻案文章，认为"无论阅读与写作，我们必须有一字不肯放松的谨严"，并将比较深奥的理论阐述得深入浅出，使人读后很受启发。尤其难能可贵的是，他以现代文学上享有盛名的郭沫若先生的改动作为例子引出话题，意在告诉人们：大文豪也会有小毛病，说明了咬文嚼字的重要性。在这里，笔者也不揣浅陋，对朱先生的《咬文嚼字》也来一番咬文嚼字。

朱先生在论述"更动了文字，就同时更动了思想感情，内容和形式是相随而变的"观点时，举了众所周知的"推敲"的典故，作者第一句是这样说的："韩愈在月夜里听见贾岛吟诗。"笔者不知朱先生依据的是何篇文章，按一般的说法，贾岛是在一次去京城的途中，于驴上吟得这两句诗的。因为决断不下，所以贾岛用手比画着，做推敲之势，不觉撞上韩愈出巡的仪仗队，被韩手下执至韩愈面前，贾岛说了其中缘故，韩愈不但没责怪他，反而帮他出主意，认为"敲"字比"推"好。后来两人还因此成了好朋友。显然，这里说"韩愈在月夜里听见贾岛吟诗"大概是作者误记吧。

还说这个事例。朱先生认为，"推"固然显得鲁莽一点，但是它表示孤僧归寺，门原来是他自掩的，他自掩自推，表明寺里只有他孤零零的一个和尚。在这冷寂的场合，他有兴致出来步月，兴尽而返，独来独往，自有一副胸襟气度。

而对于"敲"字，朱先生认为显得主人公"拘礼"了些，是寺里有人应门。主人公是不甘寂寞，乘着月夜去访友，诗也因此多了一些温暖的人性。

两相比较，朱先生得出结论："敲"的空气没有"推"的冷寂。就上句

第一辑 教材解读

"鸟宿池边树"来看，"推"似乎比"敲"要调和些。"推"可以无声，而"敲"就不免剥啄有声，惊起了宿鸟，打破了岑寂，平添了搅扰。

朱先生进一步认为：我很怀疑韩愈的修改是否真如古今所称赏的那么妥当。

要分析这个问题，我们不妨来看推敲典故的出处，即上文提到的贾岛的那首诗：

题李凝幽居

闲居少邻并，草径入荒园。

鸟宿池边树，僧敲月下门。

过桥分野色，移石动云根。

但去还来此，幽期不负言。

朱先生认为，"推"字表示孤僧归寺，"敲"字则是月夜访友。我们对照诗题"题李凝幽居"就会发现，这里的僧应该是诗人自指。一般来说，诗中的主人公往往是诗人自己，尤其是写景抒情的诗。而另一个众所周知的事实是：贾岛是唐代著名的诗僧。显然，这里写了一个隐士李凝的形象，着重围绕一个"幽"字展开。开篇两句先述李凝的居住地是一个远离尘俗喧嚣的郊外。接着写他房子周遭的环境，宁静幽谧。诗人（即诗中的僧）兴冲冲前去访友，但友人居无定所，行踪无定，诗人扑了个空，这是扣住"幽"字写李凝的隐士个性。颈联两句，诗人从一个更加阔远的视野，再次渲染环境之幽。结尾两句是诗人的独白，表示自己还要再来。显然，这首诗是题在李凝幽居上面的，写的是月夜访友。这就排除了孤僧归寺的可能，换言之，朱先生认为"推"字缺少了诗歌内容上的依据。此为其一。

其二，历来评论贾岛的诗评家认为，贾岛作诗失之苦吟，贾岛自己也说"两年三句得，一吟两泪流"。所以苏轼将他与孟郊并称，称他们两人是"郊寒岛瘦"，可谓一针见血。苦吟的结果是，有些诗句比较精彩，但往往有句无篇，此诗即是其例。从全诗来看，此诗的一二、五六、七八六句显得平平，之所以能流传千古，除了"推敲"的典故，就在于其颔联两句。先看"鸟宿池边树"一句，鸟儿在这儿安家，一来说明这儿幽静偏僻；二来说明李凝居处之宁谧。但问题也就来了：在一个云雾遮盖月亮的晚上，诗人是如何见到鸟儿栖宿在树上的？或许有人说，是听到鸟声了吧！但既然是听到了鸟声，又怎知鸟儿不是偶尔经过这儿？而李凝幽居之"幽"也得不到落实。显然这只有一种可能，那就是诗人的举动惊动了宿鸟，宿鸟一下子惊飞起来，但一阵声音过后，周围又恢复了寂静，鸟儿也飞回了树上。根据这一情境，显然以"敲"为好，否则上句的"鸟宿池边树"便少了依据。也许有人又会问："推"字不也发出"吱呀"的声音了吗？若这样的假设成立，那么，我也要反问一句：轻轻的推门声能惊动宿鸟，那诗人走动的声音不是早就惊动了吗？作者将两者对举，显然是有用意的。而且，这里的"推"只能是轻轻的动作，否则便显鲁莽。

再从人之常情来看，朋友之间，哪怕是很亲密，进到人家的屋前，也应敲一下门，这是应有的礼节。陆游在《游山西村》写道：从今若许闲乘月，拄杖无时夜叩门。尽管与朋友关系非同一般，但叩门还是基本的礼节，否则，主人家还以为是小偷上门呢？要知道，中唐到贾岛的时节，社会已非"开元盛世"可比，社会风气再也没有了"夜不闭户，路不拾遗"的景象。

再从表达效果来看，尽管用"推"字能与全诗的环境相调和，但用"敲"字以动衬静，不是能更加突出一个"幽"字吗？

由此来看，笔者觉得朱先生在这里的看法实际上出现了偏颇。

以上所谈的是关于"推敲"的事例。再来看第二个事例。

作者在谈到字的联想的意义时，以苏东坡的《惠山烹小龙团》里的"独携天上小团月，来试人间第二泉"为例，认为"天上小团月"是由"小龙团"茶联想来的。这一看法是没错，但笔者以为这个例子举得不够典型。首先，知道苏轼这首诗的恐怕不多，如果不是专业人士，恐怕也没几个人知道诗人的"小龙团"。再者，这两者的联想似乎也很牵强。笔者甚至认为，在苏轼的诗集中，这首诗大概属于下品了。大概朱先生也认识到了这一点，所以他也承认这两句诗比用"惠山泉水泡小龙团茶"来得"较含混蕴藉"。确实，这句话"蕴藉"是"蕴藉"了，但过于"含混"了，如果不经朱先生一番解释，相信没几个人能读得懂这首诗吧？笔者认为，古诗中善用字的联系意义的例子多得可用车载斗量：柳、荷、梧桐、大雁、小楼、春水……随便举个例子，大概读者都能很快明白。笔者以为，既然讲到咬文嚼字了，朱先生举的例子不妨让读者看得更明白些。

笔者指出从《咬文嚼字》的几点与读者朋友进行探讨，目的也是朱先生所说的"随处留心玩索"，"逐渐养成创作和欣赏都必需的好习惯"，别无他意。不当之处，敬请广大读者朋友不吝指教。

一阕悲歌向斜阳

——一二三四五解读《说书人》

　　《说书人》是现代作家师陀于1942年创作的一篇短篇小说，叙述了一个说书艺人说书及其离世的故事。查阅相关资料，我们发现，对这篇小说诠释的文章，或过于专业，或失诸粗疏，或流于简约，无法给中学教师提供较为合适的借鉴。下面笔者不揣浅陋，从五个角度对小说进行一番梳理，以期对广大教师有所帮助。

一、一笔账目

　　课文中涉及经济的一共有两处：一处在第一段的结尾："听书的每次给他一个或两个制钱"，一处在第五段与第六段：

　　听书的也由每次一个或两个制钱给他增加到三个，后来五个，再后来制钱绝迹，每次给他一个铜元。

　　"再请八个，一个馒头的钱。还有六个；还剩四个；只剩三个了，哪位一动手就够了。"

　　让我们来算一算账。"再请八个，一个馒头的钱"里含有两点信息：

　　其一，一个馒头卖八个铜元。这里需要指出的是，"馒头"不是包子，是没有馅的那种，我们这里俗称"白馒头"，若论个计算，通常卖五毛钱；若称斤的话，大概在三四毛之间。换言之，一个铜元相当于我们这里的五六分，是一笔极少的钱。结合第一处"由每次一个或两个制钱给他增加到三个，后来五个，再后来制钱绝迹，每次给他一个铜元"，我们明白，一个铜元相当五个制钱，那么，原先听书每次给的就是现在的一分钱左右，后来增加到两分，再增加到三分……

其二，"再请"表明，他的这次绘声绘色的说书的报酬原先总共只收到八个铜元，只够买一个馒头。填不饱肚子的说书人只好"再请八个"。

这两点信息告诉人们，仅以说书维持生计的他收入是何等微薄，日子过得是如何艰辛！也正因如此，他的脸是"黄而瘦"，穿的长衫是"灰绿色"；他"时常咳嗽"，并且"唾血"，"嗓子塌了"，"暗哑了"，一直无钱调理治疗，直至最后无声无息地死去。可以说，他是穷死的。

二、二个视角

《说书人》采用的是小说较常用的第一人称叙事方式。这种叙述方式的好处是拉近了读者与文中人物的距离，并且增加了真实感。但这篇小说与通常的第一人称小说不同的地方在于其给我们提供了两个视角。

一是世俗视角。在世俗者的眼中，说书是一种"贱业"。说书人无名无姓，人们只以"说书的"称之；"在城隍庙月台下面，他放一张断腿板桌，周围——前面和两旁，放几条板凳"，这是他说书的地方，"设备"极其简单；他所有的家当也仅是"那把破折扇，那块惊堂木，那个收钱用的小笸箩"，"桌子和板凳是他向庙祝租来的"；每次说书，"听书的每次给他一个或两个制钱"；他没有家，没有子女；他穿"一件蓝布长衫，脸很黄很瘦"；他一直抱病说书，且无钱治病，以至于病情越来越重；他去世前七八天还坚持说书，否则就没钱买吃的；直至最后，他在疾病与饥饿中死去。

说书人不但生前穷困潦倒，死后也极其凄凉：一卷用绳子捆着的芦席，说书人的脚从席子里露出来，不住地随着杠手的步骤而摆动，他的破长衫的一角直垂到地上，一路上扫着路上的浮土；到了乱葬岗，杠手们在荒冢间随便找了个地儿，胡乱掘了个坑——说书人就这样连同他的书到了另一个世界。

二是"我"的视角。在"我"的眼中，说书人说武松在景阳冈打虎，说李逵从酒楼上跳下去，说十字坡跟快活林、大名府与扈家庄；说书人"用折扇打、刺、砍、劈，说到关节处把惊堂木一拍""迷住了我"，"他从傍晚直说到天黑，一会儿定更炮响过，……摊肆全被收去，庙里安静下来，在黑暗中只有说书人和他的听客。其实只剩下了个数百年前的大盗刘唐，或根本不曾存在过的莽夫武松——这时候，即使过后回想起来，还有什么是比这更令人感动的？在我们这些愚昧的心目中，一切曾使我们欢喜和曾使我们苦痛的全过去了，全随了岁月暗淡了，终至于消灭了；只有那些被吹嘘和根本不曾存在过的人物，直到现在，等到我们稍微安闲下来，他们便在我们昏暗的记忆中出现——在我们的记忆中，他们永远顶生动顶有光辉。……天下至大，难道还有比这些更使我们难忘，还有比最早种在我们心田上的种子更难拔去的吗？"他的说书感动过很多人，给了人们很多幻想，将人的心灵引向精神的远方，"向这个沉闷的世界吹进一股生气，在人类的平凡生活中，另外创造一个世人永不可企及的，一个侠义勇敢的天地"，可以说，这是小城的人们唯一的文化活动，是启迪灵魂的精神享受。正因为如此，听他说书也成了"我"的一种爱好，一种思念以至于"我每次到这小城里来第一个总想到他"，乃至为之送葬，为之著书，直至"我"填志愿书时，可以抛却英雄、将军、学者、大僚，而毫不犹豫地写下：说书人，一个世人特准的撒谎家！撒谎竟至于"特准"，并冠之以"家"的称号，作者将"我"的钦慕、崇敬、仰望的心理展现得淋漓尽致。

三、三次相见

一般评论者认为，师陀是一位长于短篇小说与散文而兼备众体的作家，他的小说大都具有散文化的特点。但就《说书人》这篇小说而言，其小说的特征还是很明显的，这体现在情节的发展与推动上，小说写了三次与说书人的相见。

第一次看见说书人。他是个中年人，穿一件蓝布长衫，脸很黄很瘦。他的声音不高，并且时常咳嗽，但是发音很清楚。写出了"我"对说书人的痴迷。这是小说的开端部分。

再见说书人。他比先前更黄更瘦；他的长衫变成了灰绿色；他咳嗽，并且唾血。间或他仍旧吼，但是比先前更衰弱，他的嗓子塌了，暗哑了。这是叙述"我每次到小城里来第一个总想他"和说书人的不幸境遇。是小说的发展部分。

最后见说书人。他的脚从席子里面露出来……他的破长衫的一角直垂到地上，一路扫着路上的浮尘。叙述说书人的死以及"我"的心理活动。这是小说情节的高潮和结局部分。

三次相见与二个视角互成张力，刻画了说书人这位命运悲苦而孤独的小人物形象，突出了他说书的技巧高超，以及身世的孤苦凄凉，有力地凸显了文章的主旨。

四、四重对比

为了突出人物形象与小说主旨，作者在写作上主要采用了对比手法，具体而言，具有以下四重对比。

1. 说书人外在特征的前后对比

第一次见到说书人，尽管他的声音不高，并且时常咳嗽，但是发音很清楚，有时候他要学鲁智深大吼，喽啰们呐喊。他用折扇打、刺、砍、劈，说到关节处，把惊堂木一拍，尽管身体不好，但很有精气神儿。

第二次见到说书人，他的脸"比先前更黄更瘦"，他的长衫变成了"灰绿色""咳嗽""并且吐血"，间或仍旧吼，但是比先前更"衰弱"，嗓子"塌了"，"喑哑了"，"时常发病"，不能按时开书，有时候"要在中间停好几天"。显然，他的身体已大不如前。

我最后一次来小城找他，听人说"他正害病……有好几天没来了"；第二天又听人说"说书人死了"。

三次外在特征的对比描写，完整地写出了说书人从生活拮据到病重，再到最后死亡的动态过程，使得文章的故事更为完整，读者对说书人的生命历程认识更为明晰。

2. 物质与精神的对比

这种对比体现在两方面：首先是"戏"里与"戏"外的对比。这里的"戏"是指说书人所说的书，说书人被书中的英雄和书中的世界深深地感动，以自己的不高但很清楚的声音大吼，呐喊，用折扇打、刺、砍、劈，说到关节处，把惊堂木一拍，他已完全沉浸在自己创造的"一个世人永不可企及的，一个侠义勇敢的天地"里。而在"戏"外，也就是生活里，他活得卑微，他甚至连最基本的生活——两个馒头都无法保障。精神的富裕与物质的贫困形成了鲜明的反差。

其次是物质生活背后之人格隐含（或者说是现实与假设）的对比：在基本生活无法保障的情况下，他完全可以去当乞丐，但是他没有，他采取的是在自己说书后有尊严地乞讨："再请八个，一个馒头的钱。还有六个；还剩四个；只剩三个了，哪位一动手就够了。"而在"时常将收到的钱数一下，叹息日子艰难"的情形下，他也没有低下高贵的头颅，甚至到"时常发病，不能按时开书"，"要在中间停好几天"的地步时，他仍坚守着自己的人格。最终，这种对高贵的坚守使他的生活走向万劫不复，终至死去。

3. 说书人的付出与回报的对比

诚如前文所言，在昏暗的记忆中，说书人创造的是"顶生动顶有光辉"的形象，是"一个侠义勇敢的天地"，这是启迪灵魂的工作，在人们心中种下了善的种子。换言之，说书人是一种文化符号，他的身上承载着中华文化的传承。回报这一高贵事业的是极其低微的收入，他连维持最基本的生活都捉襟见肘，最终在贫病交加中死去。

4. "我"与世人的对比

这种对比一方面体现在上文提到的二个视角的反差上：在"我"的眼中，说书人是高尚的，高尚得"我"可以放弃一切志愿而选择说书，高尚得"我每次到这小城里来第一个总想到他"。而在世人的眼中，说书人是"贱业"，是社会的多余人，埋葬了他，就如扔掉一个无用的废物一般，正像那杠手所嘲弄的："现在你好到地下去了，带着你的书。"另一方面，"我"与世人的对比也体现在对城隍庙今昔对比的描写与感慨中："我"到城隍庙里（城隍庙早已改成俱乐部），在月台下面，原来说书人放桌子的地方停着一个卖汤的。"我"感到一阵失望，原先在我们看来城隍庙多么热闹，现在又如何荒凉；原先在我们心目中它的大殿是多么雄伟，现在又如何卑陋；先前我们以为神圣的，现在又如何可怜了啊！没了说书人的城隍庙，一切都变得没有了存在的价值。这种对比在结尾"不见了，郊野上只剩下我一个人了"走向升华，也将作者的无限伤痛与深深哀悼推向了极致。

五、五层主旨

但凡优秀的小说，其形象往往大于思想，小说靠形象来揭示蕴含其中的深刻思想。所以，好的小说总是赋予读者以丰富的解读空间，让读者见出其中复杂多义的世界。罗兰·巴特说："作品一旦产生，作者就死了。"那么，《说书人》到底有哪些复杂的主旨呢？笔者以为，《说书人》的主旨可

以从五个层面进行解读。

第一个层面：美好的东西往往在不经意间流逝。我们来看作者抒发感慨的一些句子："时光于是悄悄地过去，即使是在这小城里，世人最不注意的角上，它也不曾停留。""凡是回忆中我们以为好的，全是容易过去的，一逝不再来的，这些事先前在我们感觉上全离我们多么近，现在又多么远，多么渺茫，多么空虚！……"时光是匆匆的，其总在不经意间带走了许多美好的东西，这里带走的有说书人的青春，有说书人的精神，更有说书人留给我们的无数美好的回忆。

第二个层面：对世人重物质、不重精神的一种委婉批评。说书人播种的是正义善良的种子，传播的是社会的正能量。对于文化生活几乎全无的小城人来说，这似乎可以说是一种唯一的精神享受。但在世俗者的眼中，这些都很低廉，比不得两个馒头更为受用。就是在这种漠视精神的氛围中，说书人凄凉地走完了他的人生路。

第三个层面：对人性冷漠的揭露与批判。让我们把眼光锁定在"我"与杠手的对话上：

"你们抬的是谁？"

"说书的。"他们中间有人回答。

"说书的死了？"

他们大概认为我的话没有意思，全不作声。

"他怎么死的？"因此我接着问。

"吐血。"

"他病得很长远吗？"

"不，不长远，七八天前他还说书。"

"他家里人呢？他家里有人吗？"

"他压根儿没有家。"

"那么他也没有儿子吗？"

"谁知道！我们没听说过。"

同为苦命人，同处社会的最底层，杠手本应与说书人"抱团取暖"，互相关怀。但在说书人最后告别这个世界之际，杠手没有怜悯，没有悲伤，在简短而不耐烦的对话中，我们更多地看到了冷漠、无情甚至嘲弄。至于那些世人，在说书人生病时，根本没有给予他基本的关爱与温暖。作者于冷峻的叙事中完成了对人性冷漠的揭露与批判。

第四个层面：对说书人命运的深切同情。正如前文相关分析所言，说书人是一个正义、善良、坚守人格底线的人，他时刻引导着人们向真、向善、向美。但最后，他被这个社会无情地遗弃了。作者在暴露社会黑暗的同时，满含对卑微小人物的悲悯情怀。

第五个层面：这是一曲文化悲歌。说书人的身上承载着古典文化与评书艺术，是文化人的代表，说书人这一文化符号的远去隐含着作者对民族命运的深刻反思。小说结尾的三问："十字坡现在在哪里？小商河在哪里？截教的瘟黄阵和隋炀帝赏过的琼花又在哪里？"问出了文化的困窘，问出了民族的隐忧。

手捧《说书人》，笔者内心感到了一种沉重，一种悲愤，一种无奈。就在这"渺茫""空虚"而"荒凉"的小城城外，在那向晚的斜阳中，师陀先生以冷峻的叙事、散文的笔调、精巧的构思、别致的写法，给说书人、给我们的人性、给我们的社会、给我们的民族、给我们的文化奏响了一曲悲歌，绵远而悠长。

那道无法逾越的鸿沟

——对杨绛先生《老王》的新解读

优秀的作品不在于题材多宏大，构思多巧妙，手法多灵活，语言多流畅，而在于其思想的深刻。这种深刻往往表现在人与社会、人与人关系的透视上。在这方面，杨绛先生的《老王》堪为经典。

《老王》写的事件全是生活中的小事，是"时代事件里的小插曲"。但这恰恰是杨绛先生"杨式太极拳"的巧妙所在——以小见大，小事件折射大社会，小人物反映永恒的人性。

杨绛先生的《老王》在本质上是在揭示隔阂。

首先是老王与社会的隔阂。课文的开头有这样一段文字：

据老王自己讲：北京解放后，蹬三轮的都组织起来，那时候他"脑袋慢""没绕过来""晚了一步"，就"进不去了"，他感叹自己"人老了，没用了"。老王常有失群落伍的惶恐，因为他是单干户。

当时的中国正经历着一场翻天覆地的变化：集体化、国家化、公有化，改造知识分子，劳动人民开始"当家做主"，所有与这一切不合拍的现象都在清理之列。老王没有跟上时代的"主旋律"，仍然是"单干户"。人家不愿拉钱氏夫妇，老王不怕受牵累，主动揽活。所有这一切都说明老王没有赶上时代的变化，与这个社会显得格格不入。

老王与家人也是有隔阂的。按照课文的交代，老王靠着活命的只是一辆破旧的三轮车。有个哥哥，死了，有两个侄儿，"没出息"，此外就没什么亲人了。而两个侄儿，从老王生病直至最终去世，从来没出现过。

老王是不幸的，但他没有将这种不幸带进自己的生命，他在苦难中一直坚守着人性的光辉，保持着善良朴实的本性。当年因为作者一家送他鱼肝油，所以他就主动给他们一家送冰，后来送人，再后来送鸡蛋与香油。显然，老王是将作者一家当作最亲近的人来看待的，这也是他临终之时给杨家送鸡蛋与香油的原因。

然而，老王的悲剧也正在于此。老王在临终时对杨家人恩情念念不忘，但杨家的态度怎样呢？不妨来看看原文的文字：

有一天，我在家听到打门，开门看见老王直僵僵地镶嵌在门框里。往常他坐在蹬三轮的座上，或抱着冰侧着身子进我家来，不显得那么高。也许他平时不那么瘦，也不那么直僵僵的。他面如死灰，两只眼上都结着一层翳，分不清哪一只瞎，哪一只不瞎。说得可笑些，他简直像棺材里倒出来的，就像我想象里的僵尸，骷髅上绷着一层枯黄的干皮，打上一棍就会散成一堆白骨。我吃惊地说："啊呀，老王，你好些了吗？"

我们不妨设想，假如我们的亲人上门，我们会用"直僵僵地镶嵌""像棺材里倒出来""僵尸""骷髅""白骨"之类的字眼吗？更令人难以理解的是，作者的问话居然是"老王，你好些了吗"？这不是睁着眼睛说瞎话吗？显然，老王想走进杨家的情感与心灵只是一厢情愿，作者对他仍然是有隔阂的，这种隔阂在接下来的几段文字里更为明显：

我谢了他的好香油，谢了他的大鸡蛋，然后转身进屋去。他赶忙止住我说："我不是要钱。"

我也赶忙解释："我知道，我知道——不过你既然来了，就免得托人捎了。"

在作者眼中，他家与老王的联系仅是经济交易，他们的心灵仍然是相隔的。换言之，作者一家由于出身、学识、家庭等原因，哪怕当时受到不公正对待，但在老王面前，他们仍然是俯视的，没有将老王当作一个普通的、可亲近的朋友。可以说，不善言辞的老王最后一次去作者家，不知道克服了身体与心理上的多大困难，但最终，作者的客套如一盆冷水，让老王的心理蒙受了巨大的创伤。可以说，老王连离世时都是带着遗憾走的。正因如此，作者的忏悔"那是一个幸运的人对一个不幸者的愧怍"才显得真诚，显得深刻。

如果说，作者与老王的隔阂是缘于知识分子和底层劳动者在文化上、心理上有着无法逾越的鸿沟，那么，老王与其他车夫的隔阂则更值得玩味了。

老王一只眼是"田螺眼"，瞎的。他的境遇不但没有得到别人的同情，反而遭到别人的诋毁——"这老光棍大约年轻时候不老实，害了什么恶病，瞎掉一只眼"。能说这话的是谁？作者一家显然不会，与老王生活没交集的人没法儿说，那只有一种可能：是他那些同行车夫。透过"大约""什么恶病"等字眼，作者以最朴素的语言揭示出生活疼痛的本质和人性的黑暗令人触目惊心。同样处于底层，那些同行对老王没有丝毫的怜悯，有的只是生活境遇超过老王的精神上的优越感，这种心理与《祝福》中镇上的那些老女人们何其相似！而作为与老王同院的老李，其冷漠的口气也让人想到了同鲁迅《祝福》中短工对祥林嫂的态度，让人感觉脊背阵阵发冷。

作品中还有一对关系不应忽视，那就是老王与另外一些车夫们。先来看看原文中的几句文字：胡同口蹬三轮的我们大多熟识，老王是其中最老实的。他从没看透我们是好欺负的主顾，他大概压根儿没想到这点。在这里，作者有意将老王与其他车夫进行了对比。老王从没有"看透"自己一家人是好欺负的，这实际上说明其他三轮车夫常常欺负作者一家。这从另一个层面揭示了人与人之间的隔阂，以及人性的丑陋。

综上所述，作品《老王》中，无论是人与社会，还是老王、老李、其他车夫、作者一家，在情感上都是有隔阂的，不相通的，而这正是那特定的社会造成的。

第二辑

教学传真

02

教学风格：不以损害学生的主体地位为前提

——以第七届"四方杯"全国优秀教师选拔赛课堂教学为例

2013年11月1日，由中国语文报刊协会、叶圣陶研究会、《语文世界》《语文学习》《语文月刊》《读写月报》《中学语文教学参考》主办的第七届"四方杯"全国优秀语文教师选拔赛（高中组）在江苏无锡的锡东高级中学举行，参赛教师各显神通，以自己对语文教学的执着以及对教材的独到理解，给我们展示了一节节精彩纷呈、独具风采的课堂，犹如阵阵雾霾中出现了一缕缕阳光，滚滚红尘中涌出了一股股清流，让与会者品尝了一道道文化大餐，从中看到了新课程的理念大放异彩，让一线教师找到了教学的风向标。在此，笔者不想逐一点评，本文试以该天上午杨文贵老师的《亡人逸事》、李媛媛老师的《赤壁赋》、徐美珍老师的《哀江南》（这三节课均为一等奖）为例，谈谈处理语文教师的教学风格与学生主体地位关系的问题。

教学风格是一名教师教育思想、个性特色、教学技法在教学过程中独特的、和谐的结合和经常性的表现，教学风格的形成是一位教师在教学艺术上走向成熟的标志。

就教学风格而言，这三位教师无疑各具特色，各有千秋。最先出场的杨老师以开阔的视野、恢宏的气度、深入的解读、独到的设计、严密的环节、精致的呈现，在我们眼前打开了一幅"千里莺啼绿映红"的绚烂图景，让人应接不暇；而来自湖北的李媛媛老师则将豪放与婉约融为一体，跳出文言文教学的窠臼，以飘逸的身姿、独特的角度、诗意的语言、深情的朗诵、灵动的设计、酣畅的流程，如行云流水般向我们献出了一曲阳春白雪，使得听课者如沐春风，获得了一种艺术上的享受；接着出场的是来自浙江台州的徐美珍老师，其以台州式的硬气、澎湃的激情、恢宏的设计、高远的视野，穿越时空，纵横开阖，引导学生走向文本，走入人物，触摸心灵，整个课堂汪洋恣肆，淋漓酣畅，为大明王朝奏响了一首精辟奇警的挽歌，振聋发聩，如夜半鸣钟、远走天雷，令人惊心动魄，课堂结束后仍如余音绕梁般久久回响在听课者耳边。

确实，三位教师分别以精巧厚实、潇洒从容、大气磅礴自成一家，独具风格，征服了与会的众多教师。不可否认，他们的课例都应是精品，但从学生的课堂主体地位进行考量，站在精益求精的角度，笔者以为，三者之间还是有明显的高下之分的。

教育的本质是什么？"教育"一词的英语为"education"，由拉丁文"educare"而来，意为"引出"，换言之，在西方人的眼中，教育不是灌输，只是激发，学习是学生固有的能力，教师的作用为引导。但在我们东方人的传统中，更愿意将教育理解为"诱导"，一步步将学生引入自己精心设计的彀中，借学生的名义完成自己的教学任务，并美其名曰"启发"。这实际上仍然是教师本位在作怪，只不过是披了一件漂亮的外衣而已，并非真正地以学生为本。我们不妨站在这样的角度来分析三位教师的课堂。

先来看杨文贵老师的课堂，在导入新课、完成作者了解后，杨老师的课堂主体分为四个环节：四个片段、匠心独运，品析语言、还原人物，品读细节、识人悟情，揣摩意图、深入品情，这四个环节由浅入深，由表入里，呈现递进式的思维逻辑，合乎人的认识规律，设计很严密。但这些内容都是教师预设的，是教师的研读成果。学生只是课堂中的一枚棋子，一步步进入教师设的局中，以配合完成教师的表演。在这里，所有的结论都不是学生品读出来的，本质上而言，课堂教学还是一种灌输式。

再来看李媛媛老师的课堂，她的课堂跳出了我们有关文言文教学"言、文孰轻孰重"的争议，其以诵读为切入点，抓住关键词，高屋建瓴，提纲挈领，一扫文言文教学的沉闷枯燥，课堂晶莹剔透，轻盈灵动，浑然自如，确实显出了不凡造诣。但纵观整个流程，学生仍是被教师牵着鼻子，亦步亦趋，跟着教师的节奏，不敢越雷池一步，不敢发异常之音。整个课堂上，教

第一辑 教学传真

师更像一位导游加表演者，学生沿着教师的脚步，或停下来欣赏，或疾步快行，而不是自主欣赏两岸的旖旎风光。风景美不美，由导游说了算；停下不停下，学生没有主动权；收获多或少取决于教师的讲授。所以，这其中的探究并非学生主动发现、感悟的探究，而是属于"被探究"。

再来看徐美珍老师的课堂。徐老师真正把课堂交给了学生，45分钟的课堂，教师激情导入3分钟，学生自主阅读5分钟，合作、探究、交流35分钟，教师小结2分钟，在课堂教学中，学生品读、感悟、理解、探讨、交流占了大部分时间，从中不难看出，徐老师给予了学生真正的话语权。这期间，教师只是课堂的组织者，只在其中起了穿针引线的作用。确实，徐老师是尊重学生主体地位的，这不但体现在环节设计与时间安排上，更体现在师生互动上。整个课堂，不管学生回答得好坏，是全面还是片面，是正确还是错误，徐老师都耐心地进行引导、激发、鼓励、呵护；徐老师也有预设，但她的预设牢牢与生成结合在一起，她要告诉学生的内容都是在对学生的评价、点拨、追问、激疑、拓展、深挖等环节中不经意间呈现的，不露一点痕迹。

这里，笔者觉得有必要廓清"互动"这个概念。不少教师将一问一答、师问生答视为互动，以为这就是尊重了学生的主体地位。实际上这是一种误区。其结果是造成了如今不少课堂上的"满堂问"。真正的互动应该着眼于学生思维的养成。由于各种各样的原因，有些学生思维缓慢，在课堂上反应迟缓，很少发言；更多的学生，他们的思维是跳跃的、零散的、模糊的、幼稚的。而我们教师就要根据思维的广度、深度、梯度，给予学生引导、激发、鼓励、呵护，对学生相机进行点拨、追问、激疑、拓展、深挖、小结。让不想说的学生想说，让不会说的学生会说，让说不好的学生说得好。让学生的思维由零散到系统，由模糊到清晰，由跳跃到连贯，由幼稚到成熟。可以说，互动的环节更主要的是思维的训练。就学生从课堂中的"得到"而言，没有经过思维训练的"得到"不是真正的"得到"，学生的大脑只是教师的跑马场。由此可见，语文课堂就是抓住语文姓"语"的本质，从教育的本质性特征出发，以语言为抓手，以听说读写的形式，零零碎碎、扎扎实实地训练学生的思维，不玩玄虚，不搞花里胡哨，不能让多媒体轰炸与音乐渲染等辅助工具喧宾夺主。

应该说，这三位教师都很注重互动，但相比较而言，徐老师的课堂更合乎互动的本质，将语文课的本质落到了实处。笔者以为，真正的互动是教师只是一个看着学生走的照看者，只有当学生有困难时扶一把，当学生走稳了，马上放手，而不是以互动的名义，采用"请君入瓮"的策略，将学生一步步引入自己的教学环节。只有实践这样的理念，学生才能自如、健康、茁壮地成长。

所以，教学风格的形成自然是好事，但在展示自己独特风格的同时，我们教师不应以损害学生的主体地位为前提，否则便是违背了教育的本质，不是真正的风格。

以上仅为笔者的一孔之见，不当之处，欢迎方家讨论。笔者只希望，我们的课堂教学在广大同人的探讨交流中走向更精、更美、更合乎语文教学的本真。

教学目标的确定与达成刍议

——以余剑锋与张颖老师的"今生今世的证据"研究课为例

2015年10月21日—22日，浙江省"郭吉成名师网络工作室"与"吴涛名师工作室"在舟山中学联合举办"专题课例研究：散文教学内容的确定"主题研究活动，笔者聆听了余剑锋与张颖老师精心准备的以"今生今世的证据"为课题的课例，感触颇多，下面笔者着重就教学目标的确定与达成情况来谈谈余剑锋老师与张颖老师的这两节课。

余老师的教学目标为如下三点：①引导学生理解文章的内涵：过去的生活对于我们生命的价值和意义；②品评作者个性化的言说方式；③体会抒情方式：没有过多地去抒情，情感深藏不露，显得克制、理智。

围绕以上教学目标，余老师设计了三大板块内容：导语、探究、小结。导语从学生讲述知道的作者刘亮程开始，提出了一个问题：作者有没有写大西北的奇独雄浑、神秘独特？他写了哪些事物？并顺着学生的思路，将作者笔下的景物与老舍的《想北平》做了比较，这个环节用了7分钟。

探究部分，余老师设计了五个问题。

（1）作者追寻的那些证据想证明什么？学生很快找到这一问题的相关语句，这一环节属于过渡性质，主要指向教学目标一，共用了2分钟。

（2）文中出现的让你印象最深刻的物或场景是什么？请说明理由。（可选择一段、一句或一词、一字，任意情感、思想、修辞、句式、标点等角度展开）这个问题通过学生、教师、文本之间的多重交流，共用了25分钟，主要指向教学目标二。

（3）最后，这些作者想要用来"证明自己过去"的证据都会消失吗？为什么？这一环节时间显得仓促，共用了1分钟，指向教学目标一。

（4）我们过去的存在需要靠证据来证明，而证据的消失又是必然的，那我们的过去是不是也必然变得虚无？第八段中的"大红公鸡""黑狗""那一缕夕阳"这些事物和"一粒土"有没有不同？这一环节也只用了2分钟，也指向教学目标一。

（5）最后一段中的"家园"是指什么？物质家园的废失不可避免，但我们如何才能使精神家园不废失？这一阶段用了6分钟，也指向教学目标一。

在小结部分，余老师用精当的语言对刘亮程的风格做了小结，用了1分钟。

再来看张颖老师的课。

张老师定的教学目标也有三点：①学生能通过对文本的研习、朗读，结合自己的成长经历，感知家园之思的文化内涵，以及它对人精神世界的滋养；②学生能独立阅读、独立思考，与文本、教师、同学展开对话，表达自己的阅读感受；③学生能调动自己审美经验的积累对文本进行鉴赏，进而仿写语段，能体会到文本在表达上大处着眼、小处落笔的写法和细腻感人、独具个人体悟的场景描写的艺术特点。

具体到教学，张老师以自己的童年往事和学生初读感知引出第一个问题：当那些证明我们过往的一切证据都消失了，会怎样？引导学生研习课文第4、5、6三节。这是导入环节，这个环节用了2分钟。

在研习第4、5、6三节的第二环节中，张老师引导学生深情朗读，品悟文句，交流课前的仿写与阅读的心得。这一环节指向教学目标二、三，用了18分钟。

第三环节，张老师以"过去的点滴都是如此珍贵，当我们在拥有的时候不懂怜惜它将可能带来遗憾和后悔"为过渡，引导学生学习第1、2、3三节，体悟作者文中流露的后悔、遗憾、珍惜的情感。在这一环节，张老师运用阅读指导、范读、配乐带读等方式，让学生进入到文句，再进行交流。这一环节指向教学目标二，用了13分钟。

第四环节，张老师以"假如从现在开始我们懂得珍惜，今天的证据都能永远留存下去吗"？过渡，引导学生品读第7节，体会作者于字里行间隐含的

第二辑 教学传真

"一切物质的明证必定随时间流逝而消亡，这是宇宙间亘古不变的道理"，流露出的一种无奈的情感，在学生自主品悟的基础上进行交流。这一环节指向教学目标一，用了3分钟。

第五环节，张老师在引导学生讨论的基础上，交流疑难问题，师生达成了共识：外在的证据固然重要，但更重要的是在人们的内心，它们是否已经转化为我们的情感、思想与性格，是否成为我们生活与生命的意义。而后，师生共同总结本文由实到虚、由具象到抽象的总体结构。这一环节指向教学目标一、二，用了6分钟。

在课堂小结部分，教师对文章的内容与作者的风格做了小结，师生在齐读刘亮程《对一个村庄的认识》中的一段话走向结束，这一环节指向教学目标一，用了1分钟。

探讨教学目标的确定与达成，有以下三方面首先要明确。

第一方面，确定教学目标的依据是什么，笔者以为，至少要考虑以下三个层面的因素。

教材层面，一是要明白编者的意图，即这篇文章是哪个板块的哪个专题，在这一专题中，这篇文章承担的重点是什么；二是要弄清文体，不同文体教学的目标是不一样的；三是懂得作者的写作风格，从风格出发，确定教给学生什么，学生需要学习什么。

学生层面，我们需要考虑学生能否读懂这一文木，学生从中该学到哪些语文素养，文章所写的内容与学生有没有时代、年龄、经历等方面的隔阂，等等。

教师层面，我们在教材与学生方面能起到哪些铺垫与引导作用，依照自己的阅读情况与人生体验，我们能帮助学生什么，能教给与教会学生什么，我们在这一篇文章上能发挥怎样的长处，等等。

第二方面，我们该确定哪些方面的目标？从逻辑角度而言，我们至少要考虑这些最基本的问题：这篇文章写了什么？是怎样写的？为什么这样写？

第三方面，确定目标还要注意些什么？抛开当前各种所谓思潮、理论不谈，笔者认为，最本质的要抓住几个根本：目标必须是具有语文特点的，而不是"耕了人家的田，荒了自家的地"；目标必须是实在的，不玩虚的，不让人犯迷糊的，或找不着北的；目标必须能通过课堂带来学习成效的，而不是热闹了半天，学生一无所获。

在制定目标与达成目标之间，制定是前提，是基础，犹如航船的方向，大的方向偏了，不管航员如何掌控，也是徒劳的。基于这样的认识，我们再来看这两位教师的教学目标与实施情况。

余老师的教学目标，根据她的说课，着重考虑了两点：一是文体方面的，主要关注作者独特的情感认知与个人化的言说对象；二是作家特色方面的，主要关注作家作品的内涵与独特的表达方式。

显然，余老师的关注点主要放在教材上，对自身与学生的情况相对关注不够，而且她确定的教学目标中，目标二与目标三同属于写作的形式范畴，两者属于包含与被包含关系，这种不当的分类也影响了整个教学。应该说，余老师的素质是很好的，这从她达成教学目标的实施可以看出来，从教学流程来看，余老师从侧重物的证据逐步推进到侧重内心情感的证据，由实而虚，环节清晰，整个课堂以学生活动、对话为主，教师注意适时围绕教学目标追问，将学生的理解引向深化，课堂注意温故知新，关注细节，能顾及学生思维的培养，预设与生成的关系处理得当，教态自然，教师有很强的亲和力。但就整体效果而言，尤其是课堂的后半程，余老师努力想让学生进入文本，不断对学生进行启发、点拨、追问，试图逐步将学生的理解引向深入，无奈大部分学生是"启而不发"，课堂的气氛显得沉闷，学生的主体地位没有得到保障，整节课给人的感觉有点虎头蛇尾。

这样的结果，究其原因，是教师对教师与学生层面的因素考虑不够，在作者、教材与学生之间横跨的沟堑没有引起余老师的充分重视，教学中，师生花在品读上的时间远远不够，对字词句的品读、咀嚼犹显不足，造成学生对文本体验不深，最终结论的得出也因此显得较为生硬。

张颖老师的课显然对教材、学生、教师的各方因素考虑得很充分，她制定的教学目标既有文章本身因素的把握，又有作者独特个性的考量，更有作品风格的精到体悟；教学目标涵盖了"是什么""为什么""怎么样"的逻辑联系。她在教学目标表述中的一些字眼就体现了她的苦心，如研习、朗读、经历、感知、对话、体悟……不仅如此，张老师还利用一切积极因素以达成目标，其中有自己的深情回忆，有学生的真情讲述，有课堂的配乐朗诵……在充分营造课堂氛围之外，张老师还充分调动听说读写诸多功能，尊重学生的独特体验，打通了学生与作家以理性与克制营造的深藏不露的文本的疏离感、陌生感。而在教学实施中，张老师还运用刘亮程本人或其他作家阐述生命存在感的名言穿针引线，既是对某一环节内容的巧妙小结，又有理性的升华，同时又是巧妙的过渡，将学生引入到对文本的细细品读中，很好地演绎了刘亮程细腻感人、独具个人体悟的写作艺术，上出了散文味，上出了语文味。课堂给人的感觉是精致、晶莹、灵动，那些精彩互动让与会者领略了深受海天佛国浸润的青年才俊的独特风采。可以说，这是教学形式与教学目标完美结合的典范。

当然，从追求卓越的高度来看，这节课也有些小瑕疵：一是配乐朗读对个体朗读有效，张老师在学生自由读中配上音乐，所有的音乐全为学生朗读声所掩盖，失去了其原本的意义；二是整个课堂预设成分较深，课堂中的激疑、追问、归纳略显不够，教学生成显得不足；三是过渡语的大段使用削弱了问题的主干地位，有主次倒置之嫌。但就教学目标的确定与达成角度而言，张老师的这节课无疑是我们学习的示范课。

聚焦错位：上出文体的本质特征

——兼评陶文建、邓燕君、王军三位教师课例

2016年9月22日，受桐乡二中的热忱邀请，浙江省郭吉成网络名师工作室与桐乡一中沈坤林名师工作室联合举办了主题为"基于文体特征的课堂教学"研讨活动。笔者有幸观摩了陶文建、邓燕君、王军三位教师的课堂，对基于文体特征的课堂教学也有了一些新的思索。

陶老师选择的是高尔斯华绥的《品质》，正如评课的特级教师蒋雅云所说，这是世界名篇，是作者本人非常看好的一篇文章，其重要性不亚于马尔克斯的《礼拜二午睡时刻》，探讨这篇小说的文章多如牛毛，如何上出新意确实不容易。陶老师处理得比较从容，在课前给学生布置了一道预习题：多次品读小说，用笔"勾画圈点"你最欣赏的语句，同时将你在阅读中感到很困惑的、很想让老师帮你解决的语句或问题罗列出来。

在收上纸条后，陶老师对学生的问题做了简单的归类总结，明确了学生阅读的大致情况后，提了一个问题：他（格斯拉）是一个 ＿＿＿＿＿ 人，让学生填空。学生找出"怪"字后，陶老师抛出了一个核心问题：请问，你觉得格斯拉奇怪在什么地方？请从人物的外貌神态、语言、动作（行为）、心理等正面描写和环境及周围人物等侧面描写入手探讨，找出相关语句，并对人物形象进行简要分析。

在汇报交流环节，师生的思维不断碰撞，学生逐步读出了格斯拉兄弟的敬业、执着、朴实、负责、尽职，读出了"品质"的内涵：人品，背后是可贵的工匠精神，这正是当下社会最为匮乏的。

陶老师的课堂切入点巧妙，围绕核心问题，学生不断品读、咀嚼，学

第一辑 教学传真

生始终在文本中深入，抓住了小说的本质特征——对人物形象的分析。但正如郭吉成老师指出的，受应试理念的影响，师生在课堂上始终为"怎么样的人"找论据，课堂教学碎片化特征明显，学生的思维与审美能力得不到应有的培养。学生在缺少整体把握的情况下，直接进入核心问题，课堂缺少必要的铺垫，教学环节有点不连贯。而从内容上看，整个课堂只有一个主问题，内容显得非常单薄。

实际上，所谓的"怪人"是小说中接手了格斯拉兄弟鞋铺的年轻人的看法，格斯拉兄弟觉得自己是很正常的，而小说中的"我"则在怜悯之外，更多的是一种敬意，以及对坚守品质的尊重。显然，这里三者的看法是错位的，我们不妨在此基础上向前走几步，引导学生探讨这种错位背后带来的小说的内在张力，在明白格斯拉兄弟遭遇的原因之外，从中能读出社会的喧嚣、人们的浮躁与肤浅、坚守品质的不易，也能读出小说作者对手工作坊终将逝去的无奈，以及对文明倒退的一种深沉的感喟，从而对小说的人物与主旨有一种更深的认识。这样，或许可能切近小说的本质。

邓老师选的是张承志的《汉家寨》。张承志的文字一向冷峻内敛，对于桐乡二中在县市级中属于第三层次的学生来说，理解起来难度很大，邓老师选择这样的文本是很有勇气的。邓老师对教学环节做了精心的设计。

在课前预习阶段，邓老师设计了两个思考题：一是你觉得张承志想表达怎样的情感；二是为了表达情感，张承志如何选择？（散文的选材包括：景、事、人、物等）

在课堂上，师生展现了非常流畅的教学流程：

（1）找出你认为有特点的景，并大声读出来，这是初步感知阶段；这一阶段还插入了向同学汇报自己有感觉的段落并做赏析的环节。

（2）作者用大量笔墨写景的目的是什么？（这是理解散文选材的景）

（3）"我"在汉家寨遇到了两个人，请分别填空（这是理解散文选材的人）：

一个＿＿＿＿＿＿＿的老人

一个＿＿＿＿＿＿＿的小女孩

问题：为何选择"一老一少"？

（4）汉家寨的人在坚守什么？你如何看待他们的坚守？

（5）张承志在坚守什么？

（6）你我在坚守什么？

在推进教学中，邓老师非常重视课堂气氛的调节与支架的搭建。在课堂气氛调节方面，邓老师引导学生自由读、个体读、齐读、大声读、默读等，让学生反复吟诵涵泳，既调节了气氛，又将散文的品读落到了实处。在支架的搭建上，邓老师主要运用了两处；一处是学生对小女孩穿的红色衣服难以理解时，邓老师适时引用了培根的一段话：

一切幸运都并非没有烦恼，而一切厄运也并非没有希望。最美的刺绣，是以明丽的花朵映衬暗淡的背景，而绝不是以暗淡的花朵映衬明丽的背景。

这一引用让学生明白了红色除了为这荒凉、凄清的汉家寨增添了一抹亮色与希望之外，还取得了映衬于暗淡的美学效果。

在讨论张承志的坚守时，邓老师也引用了有关张承志的一段素材：

90年代初，文学界受到商品经济大潮的猛烈冲击，许多作家的创作中都出现了"商品化倾向"。张承志被认为是迄今为止未介入任何商业性创作的少数作家之一。张承志说："我只是一个作家。我永远不是走红的文字商品的贩卖者，永远不是流行思潮顶峰的泡沫。我独立地表达而已。""我希望自己的文学中，永远有对于人心、人道和对于人本身的尊重；永远有底层、穷人、正义的选择；永远有青春、反抗、自由的气质。""哪怕再难，也要坚持知识分子的良心和批判，这是我在自己的微渺作品中一直坚持的。""当你们感到愤怒的时候，当你们感到世俗日下没有正义的时候，当你们听不见回音找不到理解的时候，当你们仍想活得干净而觉得艰难的时候……请记住，世上还有我的文学。"

这种引用让学生对家园、对文化、对信念的坚守有了更深的理解与体会。

邓老师的课紧紧抓住散文"形散神不散"的特点，设计精巧，环节严谨，课堂推进流转自如，显示了高超的教学艺术。但正如评课教师所说的，其课堂的后半节基本上抛开了文本，尤其是"你我的坚守"，与文本的距离很远，这种游离使教材的功能弱化了。

细读这篇文章，笔者觉得也存在着两对情感认知方面的"错位"：汉家寨的贫瘠与老少的坚守，以及"我"的长旅与回忆。深入理解这种错位，我们会对绝望中的决绝坚守有更深的体会，对人类为生存下来的那种苍凉广阔的心胸有真切的理解，那是生命的一种坚韧，深深扎根于脚下灼热的土地。这种对故土的深情与愚公移山的精神是一脉相承的，是乡土情结的最真实体现。如果用这种"错位"切入，课堂会更紧凑，讨论会更紧契文本，学生更能明白中华文化数千年绵延不绝的原因，那正是我们汉民族的根。

王老师选的是伊沙的《张常氏，你的保姆》，这首诗歌在文字上浅白得如一杯开水，学生看着全懂，但就是读不出其中的味道。这篇诗歌教学最大的难度正如孙绍振先生所说的，教师应该有一种自觉，即从学生的一望而知指出他的一望无知，甚至再望也还是无知。

对此，王老师显然有周全的准备，他让学生课前阅读诗歌，思考并写出"读懂的"和"读不懂的"地方，汇集学生读不懂的，王老师整理出了两个典型问题：

（1）诗中的"我"为什么向张常氏这个保姆致敬？

（2）为什么题目是"张常氏，你的保姆"，其中的"你"是谁？

问题一的讨论中，王老师引导学生找出张常氏所做的事情：

命名狗蛋

一把鼻涕

地道秦腔

朴实狡黠

从改变的背后，学生很快看出了这种改变体现在四方面：风俗、习惯、语言、性格。也就是说，张常氏对外籍教师的孩子的影响之大、改变之深、之彻底、之全方位，是一般人做不到的。

对此，王老师抓住时机提了一个问题：为何作者将教授们与张常氏对立起来，这有何用意？细心的学生马上发现，四年恰好是外语学校本科年份，换言之，教授们四年教学，对学生的影响往往不如张常氏对孩子的影响。如果将这种改变看成教育的话，那么她的教育是有成效的。显然，这里的对立不是人与人之间身份的对立，而是隐喻着张常氏所代表的教育方式的对立。就人而言，张常氏不比教授有知识，有理念，更不懂教育计划与方法之类的，她靠的是一种纯朴，一种返璞归真的交流。这种质朴、自然、原生态的教育靠的是最原始的口耳相传，而影响却是刻骨铭心的、深入骨髓的。这里实际上有一种对我们教育的深刻反思。

对于问题二的讨论，学生一时难以理解，于是王老师设置了一个台阶：张常氏是谁？学生马上找到了课文的原句。但学生对诗歌过于详细的籍贯介绍仍是不懂。为此，王老师出示了有关权威对蓝田的介绍：

蓝田猿人，也称"蓝田中国猿人""蓝田人"。早期猿人化石。1963—1964年在中国陕西省蓝田县发现。经古地磁法测定，蓝田猿人的绝对年代为距今六十五万年至八十万年，……蓝田猿人较北京猿人和爪哇直立猿人更为原始。

经教师一说，学生明白，这里诗人是在强调，那是人类历史的发祥地，是中华民族的文化摇篮。学生渐渐领悟，保姆张常氏除了隐喻教育方式之外，还有一种象征；象征着一种文化，中华传统的文化，这是最古老的一种文化。换言之，实际上张常氏做着一件与外语学院的教授们同样的事，她用文化改变着外国的孩子。而这种文化的渗透力是极强的，它可以改变任何接触这种文化的人。

至此，学生明白，这里的"你"表面上是指外语学院的同事，实际上是你我任何一个受着传统文化影响的人。

王老师的课堂从学情出发，由浅入深，层层推进，教学课堂朴素无华，一如诗中的张常氏，本色之中蕴含了娴熟的教学技巧。但从诗歌特定的文体来说，我们似乎还可以再深入些。从内容来看，诗歌浅显的表达与深刻的内蕴是错位的；从表达来说，对教授等人的白话式描写与对张常氏的庄重介绍也是错位的。这两种错位恰好给我们提供了很好的解读切口。如果我们对"张常氏""系""致敬"等词进行细细的比较品味，相信我们对传统文化内涵的理解会更深入，更透彻。在随后的讲座中，特级教师沈坤林也特别提到其中几个词语，认为很值得品味与鉴赏。

三节课所选的文章都是叙事类文章，上课的教师选课都很有眼光，其文本都很有文化内涵，可供挖掘的点很多。在这方面，三位教师的处理是很成功的。从文体特征层面来看，三篇文章又是完全不同的，《品质》是小说，《汉家寨》是散文，《张常氏，你的保姆》是诗歌。三位教师对文体重点的把握也是基本到位的：陶老师抓住了人物形象核心，邓老师抓住了情感核心，王老师抓住了内涵含蓄的特征。当然，从更高要求来看，如果能聚焦在文本的错位上，品味文本独特的张力，可能会更突出文本的文体特征，这样

第二辑 教学传

三节课的课堂可能会更纯粹更集中些，从而更合乎这次研讨会的主题。

　　以上是笔者对这三节课的粗浅认识，因为与三位教师有同门之谊，且痴长几岁，所以不揣冒昧，提出自己的看法，也敬请广大同人不吝赐教，对笔者的看法进行批评指正。

课标落地：我们需要避免一些误区

——第十一届"四方杯"全国优秀语文教师选拔大赛观感

2020年12月13日—16日，由中国语文报刊协会、叶圣陶研究会、《语文世界》杂志社、《语文学习》编辑部、《读写月报》杂志社、《中学语文教学参考》编辑部联合主办的"第十一届'四方杯'全国优秀语文教师选拔大赛暨新教材、新课堂、新发展名师观摩课大会"在广东省深圳市新安中学举行，特级教师肖培东的示范课，以及来自全国各地十一位高中语文新锐以各自独具特色的课堂给我们的新课改带来了一股春风，让与会教师受益匪浅。

正如专家评委所指出的，这些课堂在核心素养的落实、教材的整合、教学的设计、学习支架的搭建、课堂的把控、情境的创设、学生积极性的调动等方面给参会教师提供了参照和可资借鉴的成功经验。毋庸讳言，由于对新课标、新教材理解的偏差，使得一些教师的课堂存在着或多或少值得商榷之处。将这些问题抛出来，做一番正本清源的探讨，相信针对已经或即将进入的统编教材而言，对广大教师的教学会提供更多的触动与启发。

为了阐述方便，下面按六方面的辩证关系进行探讨。

一、关于创新与守正

王荣生教授提出：合宜的教学内容是一堂好课的最低标准。按照王教授的观点，在内容与形式之间，内容永远是第一位的。教学内容在本质上是对"教什么"的回答。在公开课中，为了让自己的课新颖出彩，教师们喜欢在

第二辑 教学传真

课型、设计、方法、手段等方面做些创新，这可以理解。但这种创新必须与内容保持一种自洽，我们不能为了创新而创新，而是要守住"正"：你的教学目标是什么？教学目标有没有落实核心素养？

不妨以许三珍老师的《登高》为例说明一下。

许老师的课分为六个环节：平仄说明、诵读指导、入声特点、整体效果、伴奏吟咏、课堂小结。教师们评价说，这是一节独特的课，是别人学不会的。许老师有两手绝活：一是诵读与吟咏；二是笛子演奏。许老师充分利用这两手绝活，在课堂中诵读、吟咏、演奏，惊艳了学生，整个课堂书声琅琅，在许老师的引导下，学生逐渐进入诵读佳境，赢得了听课教师的一片喝彩。许老师的课确实抓住了诵读教学的本质，能很好地激发、指导、引领学生的诵读能力，让学生对诵读的作用有了重新的认识。

但从更高的要求来看，这节课还是有明显缺憾的。许老师更像是一个高明的导演，带着学生一步步往他预设的目标行进，最后完美地完成了任务。所有的结论都是教师自己读出来的，并非来自学生自己的领悟，学生对杜甫、对《登高》这首诗的理解仍是肤浅的。《登高》历来被认为是古今七律的压卷之作，全诗对仗精工，不但八句皆对，而且首联做到了句内自对。整首诗将宇宙、江山、历史、人生融为一体，在身世的飘零之苦中夹杂着诗人对历史的沧桑、空间的辽阔、人生的短暂、个体的渺小、社会的动荡、国势的衰微的感慨。尤其是诗作颔联，十四个字中蕴含了八层意思，层层内转，仿佛整个天地都压在了夔州台上，压在了瘦弱的诗人身上，而诗人无穷的感喟都化为一杯浊酒。全诗境界开阔，气势雄浑，意蕴深沉，铸就了杜甫典型的沉郁顿挫之风。这才是一个真实的杜甫，诗歌的血肉精魂需要我们引领学生去品读文字，不是硬贴几个标签，学生就能理解的。而这些恰恰是许老师的课堂所欠缺的。

二、关于广度与深入

这次十一节高中语文课中，三节是写作课。八节阅读课中，五节课都采用了比较阅读、单元阅读、组诗阅读等多文阅读的方式，很好地贯彻了新课程的理念。但这里还需要注意阅读的广度与深度的结合，不能为了追求阅读的数量，而对文本做浮光掠影的浏览，丧失了阅读课的本来意义。我们不妨比较一下刘丹老师的"杜甫诗三首"与项琪老师的"《赤壁赋》《念奴娇·赤壁怀古》《定风波》共读"两节课。

刘老师的课例采用朗诵活动设计的形式，以任务驱动推进课堂教学，分为给诗配封面、给活动拟标题、给主持人设计开场白、诵读表演四个环节，将学生引入思考、诵读、表演，用北师大张燕玲教授的话说就是，能打破学生的"审美疲劳"，激发学生的兴趣。确实，整节课，学生兴趣高昂，很是热闹。但正如听课教师在下面嘀咕的：这还算是语文课吗？高中语文课程标准修订组负责人王宁教授认为，四大核心素养中，语言建构与运用既是入口，又是出口，是核心的核心。换言之，任何语文课堂都离不开对语言文字的品读，其他任何形式的创新都不能偏离这一核心的核心，不得损害对文本的把握。再来看刘老师的课堂，师生对语言文字的咀嚼、品味相当缺乏，一座博大精深的语言宝库在课堂上被基本无视了。

项老师的课例分为赤壁风景、黄州风云、黄州"风流"三大板块，以探究为主要方式，让学生思考周瑜、曹操背后的苏子，苏子的情感与心理，苏子的境遇与人生，由景到情，由情到理，由文化到人生，引领学生细细品读关键词句，以加深对苏轼的理解，既合乎语文教学的本质，又很好地体现了群文阅读的广度、深度、厚度。

三、关于预设与生成

讲到课堂教学艺术，不可避免地要说到预设与生成。从预设的角度来看，我们教师就像一位导游，指导学生浏览路径，让学生在有限的时间内，集中看到最有特色的美景。但课堂只有预设，没有生成，学生就成了傀儡，只是教师上课的道具，课堂未免陷于沉闷。所以，学生需要自主质疑，课堂需要动态生成，在这质疑与生成的过程中，学生才能形成反思与批判的能力。

在预设与生成之间，我们教师一定要摆正自己的位置，做好"引""帮""教"的工作：在学生发现不了的地方，创设各种情境"引学生鉴赏"；在学生品读流于肤浅的时候，巧设支架"帮学生鉴赏"；在学生欣赏品味的过程中，要不失时机地教给学生鉴赏的方法。

这种"引""帮""教"最能考验一名教师的教学机智，它需要教师对课堂的宏观把控，需要教师具备高超的应变能力。检视这次赛课，在这方面

第二辑 教学传真

乏善可陈。大部分选手过于拘泥事先做好的课件，对着课件一页页往下翻，即使有师生交流，教师也是尽量将学生的思考方向往自己事先预设的方向引导，实际上，教师仍是课堂的主角，手里牢牢攥着那条"牛鼻子"。

在这一方面，肖培东老师给我们做了示范。在示范课"一棵小桃树"进行到临结束时，肖老师抛出了最后一个问题：如果作者贾平凹先生只能给小桃树写一个字，你觉得应该是哪个字呢？在学生纷纷发言时，肖老师关注到了角落里不敢举手的孩子，"来，哪个字？！""嗯……我没有想好。"眼看着课堂出现了冷场，女孩的自尊心将受到损伤。这时，肖老师灵机一动："就在你说的'我没有想好'这句话里找一个，联系课文，去说说。""好！"女孩很快选择了"好"字。"因为小桃树有很多困难，挺过去了，嗯，那就是挺好的！"女孩笑着解释。下一个站起来的男孩接着女孩的话题：我选择"我"字，"小桃树就是我，就是作者，挺过了风雨，最终看见了彩虹！这个'我'，也是写所有在艰辛中奋斗的人，每一个的'我'！"

"我选择'怜'字！""我选择'美'字！"接下来，师生的对话越来越流畅，肖老师对着学生找的"敬""念""梦""好""我""怜""美"七个字做了激情澎湃的总结："也许，你的人生路上会有而且必然会有一段可怜的时光，但是，请记住，我们并不孤独，这个世界上总有人（物）和你同病相怜。只要我们拥有梦想，敬畏生命，想着远方热爱和系念你的那个人，努力面对，那么，你就能在人生的风雨中找到自我，最后抵达美好！"这时，下课铃声响起，课堂戛然而止。留给学生的是无穷的震撼。肖老师的这个教学片段成了课堂教学预设与生成关系的经典注脚。

四、关于完美与遗憾

课堂是一门遗憾的艺术。无论哪位名师，都不能让自己的课堂面面俱到，臻于完美。而真正的巧手不是追求完美，而是故意留下一些空白，让学生自行补白，使他们享受发现的乐趣，实现课内外的有机勾连。

林玉蝶老师的"深度加漂亮，需要一点儿'微调'"采用了一个全新的角度给我们上了一节写作课。林老师从是否购买魔盒的选择切入新课，引导学生发表观点，出示范例，引出"商业社会""阶层固化"等社会学概念，让学生对"扛精、柠檬精、硬核、锦鲤、剁手、佛系、巨婴、肥宅快乐水、油腻"等流行语进行思考，观察现象，探究现代性焦虑、消费主义等本质，再引导学生模仿写作，分析刚过去的"双十一"狂欢现象，最后拓展到历史学、哲学。课堂环环相扣，很有逻辑力量。

该课理论前卫，给学生的写作提供了一个全新的角度。但可能是林老师太想在一节课内完成所有的架构，并不停地用事先准备的文章给学生做范本，环节繁复，内容庞杂，学生根本消化不了。实际上，写作更关键的不是听，而是写，尤其写后的反复修改，让学生切切实实从不断修改中悟出写作的道理，从而获益。在林老师的课堂上，写的时间极为有限，甚至因为内容未讲完，最后还拖了四五分钟。对学生实践的训练显得极为仓促。

这种情况也出现在裴云乔老师的"青春诗情——部编教材必修上第一单元"一课上。裴老师的课堂有两个挑战：一是单元教学；二是读写结合。显然，这个挑战很有难度。首先，《沁园春·长沙》《站在地球边上放号》《红烛》三首诗都不短；其次，《沁园春·长沙》是高中阶段第一篇文章，是重点篇目，一般需要两节课来完成。这两点就让听课教师对其能否完成任务打上了问号。其结果正如大家所料的，裴老师只是让学生谈了一下读诗的感受，便马上进行了创作，创作后又进行了修改。由于任务繁重，因此时间也是拖了五分钟。

实际上，这两节课的很多内容完全可以当作作业的方式，让学生在课外完成，学生最需要的是能内化为能力的体验与实践，而非教师介绍的方法本身。由于教师过分追求所谓的完美，反而留下了更多的遗憾。

五、关于阅读与思考

阅读是思考的基础，思考是阅读的深化。没有阅读，思考就成了无源之水，无本之木。学生思想的丰富、思维的养成离不开大量的阅读作为基础。有经验的教师都会给予学生足够的阅读时间。作为赛课，不同于平时在自己班级的上课，由于受不能事先见面、学生无法预习等因素的影响，阅读只能放在课堂上进行。这个时候，教师教学环节的设计、阅读内容的选择成为制约课堂成败的关键。而这恰好是这次大部分教师所欠缺的。在许多课堂上，我们看到了教师就像中国式的导游，掐着时间，将一群游客从一个景点赶往下一个景点，完成一次游客不能自主的旅游。没有了阅读的时间，学生的思考只能是肤浅的，课堂交流只能是流于形式的。

当然也有例外。我们不妨来看王志华老师的"《荷塘月色》《我与地坛》的比较阅读"，王老师所选中的这两篇都是现代文学的经典，篇幅较长，要想贪多求全，学生的阅读势必浮光掠影；要想深入其中，阅读的时间又显得不够。王老师非常高明，巧妙抓住了两篇文章里的两句话：

（1）我也像超出了平常的自己，到了另一世界里。

（2）我就摇了轮椅总是到它那儿去，仅为着那儿是可以逃避一个世界的另一个世界。

王志华老师围绕这两句话，让学生自我设问，并理出共性的问题，出示两篇文章中的关键语段，设计了三个问题：

（1）从两篇文章中，你读到了一个（　　　）的"我"？

（2）阅读下面的文字思考：你读出了一个（　　　）的地坛？

（3）你看到了一个（　　　）的荷塘？

三个问题层层深入，异中求同，完成了中国文人在困顿中走向自然，进行审美超越，实现自我涅槃，走向精神圣殿的过程；让学生在品读文句中且读且思，在加深了对两篇经典文章理解的同时，也进行了自己精神的一次洗礼。

六、关于起点与路径

一节课该完成怎样的任务？需确立哪些教学目标？该按怎样的路径走？从理论上讲，这些应该交由学生确定。理想的课堂是，学生需要什么，我们教给什么，这样的课堂才是有效的。在赛课上，由于规则原因，不能事先接触学生，这一点受到了严重制约。这对上课教师的预判提出了高要求。

之所以想到这些问题，是由于这次比赛中的三节作文课。对于林玉蝶老师的课例，上文已做过分析，我们重点来看另外两节课。

来自上海的阎俊"这个证据是否符合事实"？在听课教师中引起了很大反响，这种反响源于他的课有着批判性思维的影子，他的课设计得简约而别致：呈现事实、聚焦事实、探究证据途径、归纳证据核查选用的标准与策略四个环节，对我们司空见惯的证据提供了新思考，在当下信息源庞杂、媒介鱼龙混杂的环境里，这种思考难能可贵。可以说，在上海，这样的课例肯定很受欢迎。但在深圳，他的课有点"水土不服"，教师与学生的沟通极其困难。学生只是被动接受，只是初步感知，在短短的四十分钟内，很难由外而内，转化为心中有用的东西。如果根据学情，对教学路径适当做些调整，那么这节课可能完全会大变样。

来自河北一所普通学校的王青生老师的"讴歌亲情：学习写得充实"则是另一种情形。王老师的课以讴歌亲情为内容，以三幅图片为辅助，设置的环节非常清晰：连续追问，让文章线条明晰；植入描写，让文章横向拓展；借助修辞，让文章变得丰厚。三个环节三个角度，告诉学生如何让自己的文章变得有深度，有广度，有厚度。在整个课堂上，学生气氛活跃，看看，读读，写写，合乎语文的学习规律。可以说，这一课放在普通学校，或放在初中阶段，应该是一堂好课。但王老师恰恰忘记了上课的起点——学情。新安中学是国家示范性高中，学生综合素质全面，从两天的上课反应来看，他们在记叙的顺序，以及描写与修辞的运用方面完全不成问题，对新安中学的学生而言，这样的课确实起不到多大作用。究其原因，问题出在其起点的判断与教学路径的设计上。

最后，笔者想表达的是，尽管存在着许多可探究的认识偏差与问题，但无论如何，为了上好赛课，这些参赛选手付出了大量心血，总体上上出了较高的水准。他们这种勇吃螃蟹的精神是值得我们敬重与感谢的。笔者之所以做这些"吹毛求疵"的工作，无非是以这些课堂为例子，对践行新课程理念中出现的一些共性的偏差做些探究，以期更好地推进新课标。

课堂教学：不可忘记以学生为本

——对第五届中青年教师课堂教学大赛的思考

在美丽的西子湖畔，由中语会、语文报社发起主办的第五届"语文报杯"全国中青年教师课堂教学大赛如期举行。来自全国18个省市的选手以他们丰富的教学经验、深厚的教学功底、独到的文本挖掘、娴熟的教学机智、精湛的媒体展示演绎了新课程的理念，赢得了代表们的一声声喝彩，让与会者获益匪浅。但静下心来思索，总觉得有点美中不足。既然是一种旨在通过观摩、切磋以提高教学技艺的公开课，那么笔者就不揣冒昧，提出一些自己的想法，以期与广大同行进行探讨。笔者以为，下述几组辩证关系尚需考虑。

一、教师与学生的关系

新的课程理念认为，在教育这个系统中，教师要始终认为学生是一切教学因素中的根本，处于核心地位，其他要素都是围绕这一核心要素而存在的。教师的着眼点不再是知识本身，而是要放在挖掘人的潜能、发挥人的主体性和发展人的能力上。但在这次大赛中，我们不无遗憾地看到，大部分选手教学的思路与环节在事先已基本设定，虽然他们在课堂上也调动学生讨论问题，探究文本，但一旦学生的话题偏离了他们预设的思路乃至预设的答案，他们便忙不迭地将之拉回自己预设的轨道上。从表面来看，在这些课堂上，学生讨论热烈，气氛活跃，可牛鼻子仍操在教师手里。其中最典型的就是不少选手设计的问题、讨论的结果（已形成了板书）都已在媒体上，学生讨论到哪里，教师便随之将多媒体展示到哪里。这样的课堂，我们找不到一点以人为本的理念，处处充斥着"以师为本""以我为准"的理念，学生只不过是教师用来完成课堂教学任务的道具而已。

二、开放性与确定性的关系

新课程强调课程要由"专制"走向"民主"、由"统一"走向"个性"，强调尊重学生思维，倡导答案的丰富性与多样性。这实际上是为了鼓励学生开启思维，大胆想象。但这也有一个前提，那就是学生的这些思维应当是科学的，"个性"应当是合理的，得出的答案应当是正确的，而且，有些事物的答案并不是丰富多彩的，而是确定的。但许多选手没考虑到这一点，他们可能出于爱护学生思考的积极性的考虑，不管学生的答案正确与否，他们都给予了充分肯定。这种矫枉过正的做法容易误导学生把错误的答案当成正确的答案来对待。如有教师让学生从《边城》（节选）中找一处自己最喜欢之处，说说湘西景物的特点。有学生找出了第一段，认为这体现了湘西淳朴、凄凉的特点。这段景物可见出湘西淳朴的民风还勉强说得过去，但凄凉则无从说起，因为这里的景物美丽而宁静，但并不萧瑟，何来的凄凉呢？但这位教师却对此加以肯定。再如有教师让学生概括崔莺莺的形象，有学生说出了"娇滴滴"一词。"娇滴滴"是古代富家小姐的共性，但从崔莺莺身上，我们看到的是她对爱情的不懈追求，以及对功名利禄的不屑一顾，看到的是她的大胆与顽强，丝毫见不出她的"娇滴滴"，但这位教师却把这种观点列为正确的看法。

三、思考与交流的关系

良好的师生交流氛围是师生共同满足教学需要、协同教学活动、实现教学目标的基本保障，是形成无拘无束且和谐的课堂气氛、激发学生高昂的学习情趣的直接因素。合理的、理想的师生之间的交流表现为师生心灵上、情感上的融洽，这种心灵的交往可促使师生产生互相感知、互相理解、互相信任和互相吸引的互动关系。当然，要形成这样的关系，学生要有足够的时间玩味文章，进入文本，真正走近作者。但在不少选手的课堂上，为了避免冷场，他们扩大教学容量，代表们听到的往往是"给大家一分钟的时间思考一下"之类的话语，学生未深入思考，就被教师叫起来回答问题，交流看法，教师们为交流而剥夺了学生思考的时间。没有思索的交流，又怎么能算得上真正的交流？在这样的课堂上，教师与学生交流与讨论势必是肤浅的、难以深入的，学生得不到更多有益的思索与收获，其教学效果也就可想而知。

四、朗读与讨论的关系

朗读可以调动人的口、眼、心、耳等器官，使阅读者进入到文字所创造的情境中，与文本及作者产生心灵上的碰撞，其对学习不可估量的作用已是时下广大教师的共识。朗读之于讨论，更是源与水、本与木的关系，必不可少。但在这次大赛的许多课堂上，代表们居然听不到一句朗读声。以《长亭送别》的课堂教学为例，这场戏历来被评论家们认为是素有"花间美人"之称的剧作家王实甫的代表作品，《红楼梦》中的林黛玉读后更是评论它是"词句警人，余香满口"。这样的文句，我们在课堂上听到的却是喋喋不休的人物形象的讨论与分析，连"碧云天，黄花地，西风吹，北雁南飞。晓来谁染霜林醉，总是离人泪"这样优美的词句都舍不得让学生读上几遍，我不知道这是王实甫的悲哀，还是我们语文教师的悲哀！

五、教学预设与课堂调控的关系

虽然课堂教学不能把所有的思路与环节都做好严密的计划，但必要的预设还是必不可少的。但教学是互动的、多变的，课堂上会出现许多意想不到的偶然因素，教学者不能一成不变地按照既定方针实施教学进程，而是要善于根据课堂实际情况进行有效调控，这应是一个好教师的必备素养。但一些选手在这方面显得相当欠缺。还是以《长亭送别》的课堂教学为例，在概括选文的情节上，学生并没有像教师预料得那样顺利，这时教师完全可以一笔带过，但这位教师却"锲而不舍"地进行启发诱导，想让学生说出正确答案，但学生并未在教师的"循循善诱"下开窍，最后师生在这个环节上纠缠了十多分钟仍未"功德圆满"，上课的教师明显乱了阵脚，接下来的课堂上，一到学生卡壳，教师干脆一人"包打天下"，这样的课堂自然难以取得预料的结果。

六、文本内与文本外的关系

语文是其他学科的基础。它包罗万象，琴棋书画诗酒花，柴米油盐酱醋茶，天文、地理、阴阳、算术、历法、卜卦、宗教、哲学、建筑、绘画、美术、音乐……无所不包，无不涵盖。语文开放性的特点要求我们教师必须具备开放意识。在时间上，我们要引导学生打通时光大门，站在历史的制高点上贯通古今；在空间上，我们要有精骛八极、视通万里的宏大视野，为学生的学习搭起一座立体式的平台。师生要在互动中走进作品的文学世界，享受"寂然凝虑，思接千载；悄焉动容，视通万里。吟咏之间，吐纳珠玉之声；眉睫之前，卷舒风云之色"所带来的精神愉悦。高明的教师应把文本视作一座矿藏，不但挖掘出文本内的宝石，还要跳出文本，纵横比较，挖掘出与文本有关的文本外的矿石。如这次所选的《哀江南》一文，应当说，上课的教师很有激情，他的范读使得全场掌声雷动，就本课来说，上得也很完美，该挖掘的都挖掘了，评委教师也给他打了相当高的分数。但从文中表现的亡国之痛、故国之思（该教师似漏了一点内容，即兴衰之悲）上，虽然执教教师分析了情景的结合，但此"景"为何包容着此"情"却难以让人信服，这里完全可以借这几个传统意象（如残山、斜阳、凤凰台、莫愁湖等）联系相关的古诗词做些分析，既能加深理解，又能拓宽视野，使课堂的内容更充实些（不少教师觉得此课内容过于单薄）。

七、启发与探究的关系

"不愤不启，不悱不发"，启发是照亮学生思维、点燃学生学习兴趣的一盏明灯。探究则重视实践、探索、发现在教学活动中的地位，置学生于自主探究、发现的活动中，让学生由主动经验和探索的活动发现知识的由来和关系，以外部的实际操作和内部的思维操作相结合、相作用来实现认识的深化。在这两者中，启发是探究的辅助，只有学生在探究中遇到困难时，我们教师才给予学生相应的启发。但在这次大赛中，真正的探究很少，启发式教学很多。不少教师设计的问题很琐碎，不利于培养学生的思索能力与合作能力。如在《白马篇》的教学中，这位教师先出示了一个问题让学生探究，这首诗塑造了一个怎样的形象？是从哪几方面进行塑造的？这些问题对全诗的理解起到提纲挈领的作用，很有探讨价值。但在学生回答时，这位教师却又不停地插进诸如"这句话用了什么修辞"之类的问题，其出发点是为了启发学生，但这些问题不但割裂了探讨的意味，而且打断了学生的思维，如有位学生问题只回答了一半就坐下去了。实际上，教师完全可以将这些问题放开，无须启发，学生照样能找到答案。

八、文本基调与教学方式的关系

文章不是无情物，师生俱是有情人。好的课堂应是教师的感情、文章蕴含的感情、学生的感情的高度融合，课堂是一个情感涌动的大磁场。在这方面，许多选手为我们做出了表率。在《永遇乐·京口北固亭怀古》的课堂上，我们领略到了辛弃疾的金戈铁马、壮怀激烈与英雄矢志、悲摧心肝；在《将进酒》的课堂上，我们领略到了李白的飘逸狂放、放浪形骸之下的一个怀才不遇而不屈的灵魂；在《哀江南》的课堂上，我们沉浸在苏昆生感慨今昔的黍离之悲中。但其中也有不少的不和谐之音，以《雨霖铃》的课堂为例，作为婉约正宗的代表作，柳永此词深情绵邈，令人读之肝肠寸断。但就是这样的词作，执教教师却粗暴地采用了"开心辞典"之类的"脑力黄金联赛"的形式，在学生忙碌于讲台课桌的背影中，我们再也找不到诗歌的韵味，浅薄的游戏已无情地消解了诗歌的深情。在这样的课堂上，如何让学生领会"多情自古伤离别，更那堪冷落清秋节"的悲苦与"杨柳岸晓风残月"的孤寒寂寞？与其这样煞费苦心地策划比赛，还不如营造一种离别的氛围，使学生在情境中感动，在感动中领会作者的感情。

在新课程标准的大背景下，语文课到底该怎样上？这次的十八节课给我们提供了借鉴，更触发了我们的思索。说到底，我们的语文课还得牢牢抓住"以学生为本"这根绳子，致力于倡导情境，提高学生的听说读写能力，让学生在语文课中汲取思想营养和人文精神，为其终身发展打下底子。如果离开了这一个前提，我们的一切探索与努力都是徒劳。

以上所述是笔者对这次"语文报杯"全国中青年教师课堂教学大赛的一些不成熟的思索，不知读者诸君以为然否？

课堂教学：要将学生的主体地位落到实处

——以一次"学生学习状态"课堂观察为例

2017年10月13日上午，浙江省郭吉成网络名师工作室与衢州市余孝忠名师工作室在龙游中学联合举行活动，本次活动以"核心素养下的高中古诗词欣赏教学"为研修主题，笔者有幸参加了该项活动，分别听了郑婧老师的《蜀道难》、陈智峰老师的《永遇乐·京口北固亭怀古》和邓芬老师的《闺怨诗》三节课。在活动中，我们围绕"学生学习状态"进行了课堂观察，现就观察的结果来谈谈学生的主体地位如何真正落到实处的问题。

作为在当地乃至全省都有一定影响的名师，应该说，三位教师在尊重学生主体地位方面有诸多共同的地方值得我们学习，具体如下：

第一，注重导入，激发学生的学习兴趣。郑婧老师用乔榛《蜀道难》视频朗诵导入，一开始就给学生注入了一剂"强心针"，让学生马上进入了文本内容。陈智峰老师让全班学生推荐一男一女同学，让他们进行朗诵比赛，学生们兴趣高昂。邓芬老师一身古典打扮，加上飘逸的气质，一出台就形成了很大的气场；而诗词大会的填空形式则让学生跃跃欲试。三位教师的开局都形成了一股很强的冲击波，为一节课的成功奠定了良好的基础。

第二，引导学生讨论，进行思维的碰撞。郑老师的对比阅读与文本细读引导学生进行了深入讨论，纵横开阖，显示了不凡功力；陈智峰老师则让学生探究五个历史人物的不同称号与情感间的关系，旧文新教翻出了新意；邓芬老师引导学生讨论情感的变化与意象背后的文化意蕴，让学生明白了诗歌鉴赏的常规路径，授之以鱼更授之以渔。三位教师都注重学生思维的激发与培养，很好地领会与落实了新课标理念。

第三，重视诵读，重视学生在品读中进入诗歌情境。郑老师的两次名家范读加上对比阅读与文本细读，以朗读贯穿课堂始终。陈老师的男女竞读、高声齐读、个人默读让学生在读中渐入文本，领会到了辛词豪放之下的惋惜、痛心、愤懑、劝谏等复杂情感。邓老师的素读、配乐读、个人读、齐读在不同的教学环节都显示了朗读不可或缺的作用。

第四，师生互动，生生互动，学生参与度高。三节课，通过我们不同人的观察，以及最后的不完全统计，学生参与度极高，单学生个人回答均高达30多人次，充分展示了三位教师对新课标理念的透彻把握。

然而，站在更高的要求来看，三位教师对学生主体地位的落实还是存在高下之分的，这里面涉及具体的学情等诸多因素：第一，学生的情绪问题，不同学生在不同时段有不同的情绪，坐在不同的环境有不同的情绪，更有一些意外等；第二，注意力问题，心理研究认为，学生持续注意力一般为15分钟，超过这个时间，便需要加强刺激，才能获得有效注意；第三，心理问题，有些学生因为长期得不到教师关注，思考、发言一直不积极，教师一旦关注，他们的积极性会一下子被激发；第四，学习基础问题，有些学生基础差，反应慢，跟不上教师的节奏，在课堂中表现不佳。当然，还有教师的判断问题，如有些学生的沉默是听不懂，还是为人内向，抑或是不屑于发言。所有这些都对学生主体地位的落实有着直接影响，需要引起我们教师足够的重视。这里，笔者想结合三节课，着重探讨以下几方面问题。

一、关于诵读

诗贵诵读，古人云："读书百遍，其义自见。"诵读可以让文字在铿锵的音节中不断唤醒，可以将无声的诗句转化为有声的语言，让读者与诗人进行对话、沟通、交流，进而在读中感，读中品，读中悟。《普通高中语文课程标准（实验）》这样强调：加强诗文的诵读，在诵读中感受和体验作品的意境和形象，得到精神陶冶和审美愉悦。语言学家张志公先生也一再强调："一篇文章，读出声音来，读出抑扬顿挫来，读出语调神情来，比单用眼睛看，所得的印象深刻得多，对于文章的思想感情，领会得要透彻得多，从中受到的感染要强得多。"可以说，在诗歌教学中加强诵读已成教学界公论。

如何诵读？笔者以为，这里面需要思考以下三个问题。

1. 审慎使用名家朗读

这里涉及教学成本的问题。名家朗诵往往要运用视频等媒介，较为费时。使用这些资料的目的不单单是渲染情境，让学生进入状态，教师还要做好两项工作：一是要点拨，为什么做这样的处理，让学生懂得些门道；二是要尝试下水，只有试过，才知道水的深浅，才明白诵读在哪些地方要特别注意。笔者以为，让学生理解的前提是教师自己要透彻理解，切不可"以其昏昏，使其昭昭"。

2. 将读的主动权真正下放给学生

朗读宜个体读，读出最初的体验；除非为了大规模检测，尽量不用齐读，否则易流为作秀；教师的点拨与指导要基于学生暴露出的问题，而不是放之四海而皆准的所谓朗诵技巧或要求。一言以蔽之，教师的一切活动要以学生为中心，做好指导与服务工作。

3. 要激发学生朗诵的积极性

为达此目的，我们可采用多种形式的诵读，除了常规的个体读、齐读、素读、配乐读，不妨使用对读、轮读、吟读、唱读，甚至可以利用吴越方言，读出古代的入声字，体味古代的意境。在人的姿势上，无须要求学生正襟危坐，只要能让学生入情入境，摇头晃头也未尝不可。

二、关于PPT的使用

PPT的演示、插入、超链接等功能将技术的便利演绎得淋漓尽致。但其负面影响也是显而易见的。首先是其直觉功能，其在一定程度上削弱了学生的诵读、深入思考与领悟的时机；而过分地使用使教师更显得像一个导购员或解说员，学生的主体地位完全被剥夺。更有甚者，很多执教者只是把学生当作完成教学任务的工具，学生完全沦为牵线木偶，教师则成了木偶后面的提线者。我们知道，一味让学生跟着教师走，把学生捆得太死是课堂大忌。这样的课堂如不加以反思，久而久之，学生容易觉得，"反正热闹是他们（教师或优秀学生）的，我什么也没有"，他们会很自然地充当起课堂的看客。

正因如此，有经验的教师在PPT的运用上往往会注意到两点：一是数量问题，能不用的尽量不用；非用不可的，演示的内容不宜过多，最好控制在十张以内，特殊情况可用十余张。因为课堂的主体是学生，所以应把更多的时间与注意力放在课堂互动与节奏调控上。二是预设与生成问题，在使用PPT时，切忌将现成的所谓的"标准答案"直接呈现，在这样的课堂上，所有的问题都是"伪问题"，教师所有的努力都是"请君入瓮"，其主动权还是在教师手里。

在这一方面做得最好的是陈智峰老师，每当问题抛出后，陈老师都将问题的思考交给学生，让学生自主讨论。对于所有的板书，教师都放低身段与学生商量，并且最大可能地采用学生的答案，尊重学生的阅读体验，让学生有成就感，真正成为课堂的主人。相比较而言，郑婧老师的课堂，由于容量大，时间紧，教师忙着赶进度，在某种程度上借PPT的播放，充当了"包打天下"的角色。

三、关于教学目标的落实

教学目标是整个课堂教学的行动指针，一切教学设计都应围绕目标而展开。但目标的落实不能过度概念化，概念要通过教学实践去落实。但我们也看到，不少课堂经常旁征博引，借名人名言强调诵读的重要性，强调意象的文化意义，介绍解读的技法。这种做法来源于某些赛课，不少选手喜欢运用些概念，以显摆自己的理论修养。好像这样一展示，自己的课立马变得高大上。这种做法的本质是"秀"，上课不是以解决学生的实际问题为要旨，而是将上课的对象置换成了后面的评委，课堂成了自己的才情表演。

从这个角度来看三位教师的课，郑老师与邓老师都存在着这样的问题。反观陈老师的课堂，则找不到这样的痕迹。笔者看过陈智峰老师关于《永遇乐·京口北固亭》的解读，文章引经据典，很见功底。但在课堂上，陈老师设计的所有问题都源于学生的阅读体验，教师只是起到穿针引线的作用，学习的主体仍然是学生，在课堂上，我们根本看不到哪些名家解读与学术概念。

四、关于学生学习状态的调控

我们细细观察了三节课堂学生的学习状态。在观察中，我们发现，状态好的学生面带笑容，心情放松，跟着教师思路，积极与教师或同学展开互动，目光在PPT、教师、同学之间迂回，坐姿较直，精神饱满，朗读投入，偶尔动笔圈画或做笔记，或与同学小声讨论，或通过思考后与同学交流；而状态不好的学生，或随意说笑，或做一些支头、摸鼻子、扶眼镜、转笔、歪身等动态，呈现出注意力发散与精神疲态的现象。状态不好的学生往往有三个原因：一是疲惫引发的难以持续注意；二是教师上课难度太高或节奏太快；三是对教师所教的内容不感兴趣。这些状况在课堂的后半段出现的概率要大得多。

当课堂出现学生状态不佳的情况，有经验的教师往往通过丰富教学手段来吸引学生的注意力，如提问、评价、点拨、鼓励、朗读等。在这方面，三位教师的做法颇有值得学习之处，如郑老师与邓老师的课堂，在学生讨论环节，特意走到相关学生旁边，对讨论的话题进行了有针对性的指点。

陈老师的做法则显得更具智慧：要么分解题目，对于人物称号与作者情感关系的大问题，学生理解起来较困难，于是陈老师将之分解成了若干小问题，这样学生入手就较为容易。要么创设情境，如学生对称呼人物的小名难以理解时，陈老师便引导学生回忆家里父母叫自己小名的场景，学生马上明白了这是一种亲切。要么进行追问：同样是小名，如果是从仇敌的口中说出的，会是怎样的语气？对于这样的追问，学生一联系三国演义中曹操的小名阿瞒之事，马上就读出了轻蔑之意。要么是搭建支架，对于廉颇的直接称名，学生理解起来较困难，陈老师说了三点意思：一是廉颇无字与号；二是这是赵王对廉颇的称呼，属于上下级关系；最重要的一点是，辛弃疾在这里是以廉颇自况，相当于称自己。这样的教学将学生的认识一步步引向深化，充分体现了执教者高超的课堂艺术与教学智慧。

当然，这里也有教学节奏与教学难度的处理问题，在这方面，三位教师的课堂都是平稳有余，没有明显的起伏与高潮，整个课堂略显平淡。

五、关于思维的推进

语文的学习最重要的是思维的养成。在平面的课堂上，思维无法推进。真正的课堂是教师要让学生在明确目标的引导下，稳步推进思维。基于这样的思考，我们的课堂需要做好以下几项工作。

一是问题的设计要化繁为简，尽可能一线贯穿，让学生在一条主线上向前发展。如果设计的问题太多，学生的思维容易被打散或打乱，这对学生

第二辑 教学传真

的思维发展极为不利。在这方面，陈智峰老师做得最好，他抓住辛词多典故的特点，根据学生的初读体验，设计了一个主干问题：词中历史人物的称号与作者的感情关系。围绕主问题，陈老师结合学生讨论中遇到的困难，设计了若干小问题，将学生的思维逐步推向前进。郑老师则设计了三个主问题，学生想要跟上教师的思维，难度较大，这从后半部分学生略显疲态就可以看出。邓老师的主问题不明显，总体感觉课堂的各个环节不够紧凑，不利于学生整体思维的培养。

二是课堂中要及时纠偏，当学生的回答偏离课堂的主问题时，教师要学会适当调控，让学生沿着既定思维前进。在这方面，郑老师给我们做了表率。在课堂的第二个环节，当教师抛出"对照阴铿三人，作者写蜀道有哪些角度"时，有位学生将之回答成了音韵、节奏，郑老师的理答极为巧妙："这位同学在音韵上有很高的造诣，希望接下来在体味语言阶段，你能有更好的发现。现在我们先探讨描写的角度，好吗？"这样的纠偏既巧妙地将讨论引到既定问题上，又照顾了学生的自尊。这样的回答还体现在对"一夫当关，万夫莫开。磨牙吮血，杀人如麻"的分析上，有学生将这句话理解成了皇帝要注意身边的人。郑老师的引导同样很巧妙："你从自然之路想到政治之路，真厉害。但你可能由于紧张的原因，表述不到位，你想表达的是'皇帝要挑选亲信的人守卫险要之地吧'。"在这样的课堂上，哪怕学生答错了，也体会到了教师的善意，教师是真正将学生的发展放在了第一位。

三是总体设计应该有梯度，让学生的思维呈现由表及里、由浅入深的发展。在这方面，郑老师从初步感知到比较阅读与文本细读，再到二次感知，以诵读为主线，引导学生逐步加深了对诗歌的理解，显示了强大的逻辑力量。陈老师由阅读到探究，思维很有层次，但缺少深入。据他自己介绍，本来还有朗读深化环节，但由于时间原因，这一环节未能完成，留下了思维欠深入的遗憾。尽管邓老师有从欣赏到实践两个环节，但总体上给人的感觉是课堂节奏过于平缓，思维前进层次不够明显。

课堂艺术，永无止境。笔者的这些讨论并非否定这三节课，应该说，单就课堂而言，这三节课无疑都是成功的课堂。笔者的这些吹毛求疵只是出于对教学艺术的完美追求，目的是引发广大同人探讨，如何在课堂教学中将学生的主体地位真正落到实处。浅陋之处也敬请方家指正。

选修课要念好"三字经"

普通高中语文课程标准研制组于2015年10月10日出台了《普通高中语文课程标准（初稿）》，该标准于2016年5月做了修订，确立课程由必选、选修Ⅰ和选修Ⅱ三类课程构成，三类课程分别安排7项任务群，其中，必修课程7项（4+3）：语言积累与探究、整本书阅读与研讨、当代文化参与、跨媒介学习、实用性阅读与交流、思辨性阅读与表达、文学鉴赏与创作，选修Ⅰ课程7项（4+4）：语言积累与探究、当代文化参与、整本书阅读与研讨、现代作家作品研习、传统文化经典研习、外国作家作品研习、科学文化论著研习，选修Ⅱ课程7项（4+4）：语言积累与探究、当代文化参与、整本书阅读与研讨、现代作家作品专题研讨、传统文化专题研讨、跨文化专题研讨、学术论著专题研讨。

按照课标分类与阐释，我们可以看出，必修与选修在层级上是不一样的：必修课是点，选修课是面；必修课往往是单篇课文的解读，选修课则是作家或作品的专题研讨。换言之，选修课是在必修课基础上的延伸、拓展、提高和深化，这对选修课内容的选择与课堂的设计提出了更高要求。

那么，选修课与必修课的课堂究竟有何不同？笔者试以2016年临海市高中语文为例做些探讨。此次选题是"传统文化专题研讨"，共选了六位作家：王维、李白、杜甫、李商隐、苏轼、辛弃疾，要求参赛者从抽到的作家中任选1～3篇诗词，自选角度，做出独具特色的解读。

考察大赛几节优秀课的共同点，对照新课标理念，笔者以为，优秀的选修课应该念好"三字经"：趣、新、深。

一、趣

之所以把趣放在首位，主要源于选修课的性质，必修课程具有规定性与强制性；而选修课程则尊重学生的自主选择权，在众多选修课中，要想激发学生的学习兴趣，"趣"字必不可少。这种趣主要表现为以下三方面。

1. 谐趣

谐趣是指诙谐有趣。在"苏轼专题"里，王盼盼老师的教例"苏轼的文学地图"设计别具匠心。她挂出一幅地图，标示苏轼一生贬谪过的地方，以"人与土地"为触发点，思考影响苏轼人生与文学的几个重要谪居地，以此走近苏轼，走进作品，探究苏轼超然物化、自嘲幽默、心胸旷达的心路历程。整个课堂设计空灵，语言颇含机锋，课堂风格与苏轼人格相得益彰，颇得谐趣之妙。

2. 雅趣

雅趣是指风雅的意趣。在盛唐诗人中，王维琴棋书画皆工，诗画别具一格，属于典型的雅趣之人。柳丽莎老师抓住这一点切入，其标题"空灵清斋观朝槿"既点出了王维的人生志趣，又显示出王维风雅脱俗的人格。在课堂教学部分，随着悠扬的音乐，柳老师以清远的语调带领学生进入到王维诗作"诗中有画"的境界，学生的散文化描述则将这种意趣推向了高潮：氤氲的水汽笼罩在青葱的平畴上，白鹭翩翩起飞；蔚然深秀的密林中，黄鹂互相唱和。水汽之朦胧，田畴、树林之浓翠，飞鹭之雪白，鹂鸟之嫩黄，这些看似随意的点染，实则是诗人精心的创造。王维运用绘画上强烈的色调对比，甚至借助色调的明暗、光线的亮度，描绘出一片广漠明净的淡彩，一片葱郁深沉的浓绿，使背景更显空蒙迷茫，给人带来了极其鲜明的视觉感受。在这样的山水中，置身其间的诗人清雅脱俗，自然非同一般。整个课堂玲珑剔透，也透着一股清空之雅趣。

3. 理趣

理趣是指表现哲理的诗歌，要写出感发读者的审美情趣。在柳老师的课堂上，我们还得到了另一种结论：王维的山水隐逸诗，雅往往是表征，其内在是理趣。王维善于将自己对自然独特的审美体验融入景物之中，从而创造出清幽、空灵的意境，同时渗透进禅宗的观照。这种观照帮助王维在有限的现实世界之外开拓了一个无限广阔的心灵世界。换言之，王维是从禅宗中找到了精神上的安慰，从而得以摆脱苦闷，保持内心的宁静。所以，在王维的笔下，禅意是内核；诗画是外显，是禅意的外在载体。这种理趣在王维的诗作中无处不在："远看山有色，近听水无声""江流天地外，山色有无中""行到水穷处，坐看云起时"……这种由表及里的引导与探讨使课堂本身也充满了一种理趣。

二、新

作为必修课的补充与提高，选修课的内容必然有别于必修课，这要求教师在内容的选择上需要有所创新，给人以耳目一新的感觉，以激发学生的学习兴趣。这种"新"主要体现在以下两方面。

1. 观点新

此次优质课抽到"李商隐专题"的教师纷纷叫苦，因为李诗向来以晦涩艰深著称，很难在短时间内挖掘出有新意的东西。但何理俊老师却上得特别出彩，他将大唐比作一池碧水，从清晨到盛午，夹岸桃花锦浪生，而后慢慢滑入暮色，晚唐夜空里，如烟花般绽出昙花一朵的是李商隐……别致的导语紧紧吸引了学生。引出课题"无题·重帏深下"后，学生从品读"重帏、清宵、风波、菱枝、月露、桂叶"等意象中读出了幽怨的爱情；何老师则以"神女"与"小姑"的典故做进一步启发，引导学生辨别"相思"与"无题"做标题的不同意蕴，学生不断读出新的主题：爱情诗、自伤诗、感遇诗、陈情诗、政治诗……在此基础上，何老师做了明确，"相思"不仅是男女之间的"思念"，也有可能托寓了诗人的"仕途之意"。最后，何老师以金代元好问评李商隐的诗"诗家总爱西昆好，独恨无人作郑笺"作为拓展，点明了李诗在唐代的意义：以他敏感的情怀，孜孜不倦地为晚唐渲染出了最绮丽的色彩，为仓皇末世送上了沉郁悲壮的千古绝唱。他在大唐的山水穷绝处，如晚霞般引领了风骚。

综观何老师的课堂，于常人熟视无睹处翻出了新意，以新颖的观点提挈内容，整个课堂如珠走玉盘，一气呵成，流畅明快，确实上出了选修课的味道。

2. 角度新

杜甫留给后人的印象往往是沧桑的、忧国忧民的，他的诗是"诗史"，

第二辑 教学传真

他在文坛上是"神",是圣人。但李晨老师的《月夜》却将杜甫从神坛上请下来，走回人间，展现给我们一个有血有肉、有情有义的普通人形象。她的课堂也因此令所有评委眼睛一亮，获得了很好的成绩。这一切都源于李老师选取了一个很好的角度。李老师的课堂铺垫简洁干脆：初读全诗，感知思念之情。为了将夫妻深情点透，李老师设计了以下几个小环节。

杜甫的妻子是怎样一个女子？（学生找出了香雾、玉臂，得出结论：非常美丽）

其实杜甫在写这首诗时，其妻子已不再年轻，从中你看出了什么？（学生：深情）

阅读《羌村三首（其一）》，学生找深情的句子（妻孥怪我在，惊定还拭泪）

中国古代诗歌不乏对美人的描写，想一想都有哪些？

（学生：回眸一笑百媚生，六宫粉黛无颜色；窈窕淑女，君子好逑；北方有佳人，遗世而独立；一顾倾人城，再顾倾人国）

教师小结：古代诗歌中有这样一个奇怪的现象：写美人的多，但是写自己妻子是美人的少；思念红颜知己的多，但是思念妻子的少；大部分思念妻子的诗句都来自悼亡诗词，如"十年生死两茫茫""曾经沧海难为水""谁复挑灯夜补衣"，等等。可是杜甫写了。那个我们觉得严肃的、忧国忧民的杜甫写了。他的妻子并不年轻了，应该算是中年妇女了。可是在杜甫的眼里却还是一如曾经。纳兰容若有一句诗说"人生若只如初见"，可是对于杜甫，我们不妨改一下：人生一直如初见。为什么觉得妻子美丽？因为一往而情深。

沿着这条思路，李老师一步步与学生探究杜甫作为普通人的"情"，并引用梁启超的评论，给杜甫重新贴上了标签：情圣、情诗、普通人、有血更有泪。

就这样，李老师引领着学生读出了另外一个杜甫，他是情圣，这个"情"更多的是人情。他有血有泪，所以他爱妻子，爱孩子，爱家庭；他有情有义，所以他爱君，爱民，更爱国。从全新的角度，让我们认识了杜甫"圣"下面的"人"，获得了一种全新的阅读体验。

三、深

深是深化、深入，最终走向深刻，这是与必修课程相比较而言的。无论是作品专题，还是文化专题，我们在面上拓展的同时，更需要点的深入，以期从广度与深度两个层面对必修课程做好深化与延伸工作。这里我们不妨从深入作家、深入作品、深入文化三方面来谈。

1. 深入作家

深入作家，按照新课标的提法，是"在特定的社会文化场景中考察作家"，从而获得一种深刻的认识。在这方面，抽到"辛弃疾专题"的王伟老师的教例最为典型。王老师设计的课题是"一世英雄一老农"，抓住了"英雄"与"老农"的错位做文章，将学生引入辛弃疾的理想与现实。在具体实施上，王老师以辛弃疾的生平为经线，以他不同年代的代表词句为纬线，读读、议议、品品、说说，逐步走入稼轩的精神世界，逐层揭开他沉郁激愤与闲适颓败的面纱，读出了稼轩"身处青山绿水，心却记挂国事"的纠结，最后将辛弃疾的人生定格在"却将万字平戎策，换得东家种树书"上，读出了辛词金戈铁马背后的愤懑与孤独。短短四十分钟，课堂上激荡着一股慷慨豪放之气，上出了辛弃疾作为"青兕英雄"悲情结局的独特风采。

2. 深入作品

深入作品是指深入阅读文学文本，形成自己的感受、观点，能鉴赏作品的语言和表现方法，能解释文学文本中隐喻、反讽、典故等所表达的意思，准确理解作者的情感倾向。汪凯军老师"辛弃疾专题"可为这方面的代表。汪老师选择的文章是《水龙吟·登建康赏心亭》，他以三对矛盾为切入点，设计了以下三个问题。

（1）辛弃疾人在建康，他"健康"了吗？

（2）辛弃疾登上赏心亭，他"赏心"了吗？

（3）辛弃疾，字幼安，号稼轩，你看出其中的矛盾之处了吗？

在问题（1）的讨论中，学生从"千里清秋"的辽阔与"献愁供恨"的感慨中，漂泊江南的游子中，"把吴钩看了"的悒郁中，"栏杆拍遍"的激愤中，读出了辛弃疾的矛盾纠缠，以及忧心如焚，这种感慨、悒郁、激愤、忧心如焚是典型的"心理疾病"，在"不健康"的背后，学生读出了景物烘托

第二辑 教学传真

映衬、细节捕捉描写对人物形象塑造的精妙作用。

通过问题（2）的讨论，学生明白了"落日、断鸿"意象的文化意义，以及词作中"可惜"领起的几个文化典故背后隐藏的悲情人生。最后，词作所有的内容都归结到一个"泪"字——国破家亡之泪、壮志难酬之泪、怀才不遇之泪、英雄迟暮之泪，这里没有一个字与"赏心"有关。这是从文化与典故层面来解读。

问题（3）涉及作者的身世。辛弃疾，名弃疾，字幼安，他的字寄寓了父母希望他童年平安健康的愿望。但辛弃疾幼年的生活在金兵铁骑蹂躏中原大地的时候度过，百姓背井离乡，居无定所，毫无"安"可言；至于弃疾，他那从小使枪舞剑、壮如铁塔般的五尺身躯何尝有什么疾病？他只有一块心病：金瓯缺，月未圆，山河碎，心不安。而稼轩之号后来是辛弃疾自取的，稼轩的人生理想是"了却君王天下事，赢得生前身后名"，无奈朝廷"剩水残山无态度"，作者只能是"检校长身十万松"，对着满山的松树施展排兵布阵的才能。除此之外，他只能辟一间简陋小屋，做一些粗重农活，听佛狸祠下的一片神鸦社鼓。这是从知人论世的角度解读。

三对矛盾显示了景与情、名与实、古与今、理想与现实等之间的错位，演绎了词坛巨子、词中之龙的千古悲情。这种对文本的剖析显示了教师深刻解读文本的功夫。

3. 深入文化

深入文化是指多角度、多层面组织主题学习，通过精读、略读的合理组合，由点到面把握传统文化的概貌和精髓，认识所读作品在中国文化史上的贡献。

对于王维，大多学生的认识停留在"诗中有画""山水田园诗代表人物"上，其实，王维早年写得好的是边塞诗。对于王维如何从一个边塞诗人走向山水诗人，学生大多不甚了了。在这方面，冯言华老师对"王维专题"的处理较为成功。冯老师选的诗歌是王维的《陇头吟》，他以主人公"为何流泪"为切入点，读出了关西老将久戍边关的乡愁、年少理想的空落、现实处境的无奈、戎马半生的辛酸、赏罚不公的悲愤。冯老师设计的第二个问题是文中"长安少年""关西老将""苏武"之间的联系。学生通过讨论明白，"关西老将"的昨日是"长安少年"，或许明日就是"苏武"；而"苏武"的昨日就是"长安少年""关西老将"……他们的共同点是尽忠朝廷、报效国家，但最终都因赏罚不公而沉滞边陲。

联系诗人的写作背景，我们可以读出诗中透露出的同情、失望、悲愤、无奈，而这正是王维自身的写照。而家庭的熏陶、对佛学的钻研最终让诗人走向半官半隐，转身将自己的兴趣转向山水田园诗。结合赏析《山居秋暝》，学生明白，王维从人生历程到诗歌历程的改变，遭遇不公后的人生选择，不管是居庙堂之高，还是处江湖之远，不是选择玉石俱焚，也不是消极颓废，而是将儒、释、道的思想融会贯通，为后世文人指出了一条精神上的道路，直接影响着后来的白居易、林逋、苏轼等士子。可以说，冯老师对《陇头吟》的解读让人们重新认识了此诗与王维在文化史上的独特地位。

按照教育部基础教育司的设想，2018年秋季，全国语文教学将进入新课标新教材时代，到那个时候，选修课将占据语文课程的半壁江山。从这个角度而言，本市的高中语文优质课选题是对选修课上法的一次很好探讨，希望这种探讨能激发更多的教师加入讨论，让我们对课程改革有个先期的准备，能及时更新自己的教育理念，以适应当前的新课改。

试论长文短教的几对关系

——以《记念刘和珍君》同课异构三节课为例

2018年10月8日上午，浙江省郭吉成网络名师工作室在湖州市德清县举行活动，本次活动以"《记念刘和珍君》同课异构"为研修主题，笔者有幸参加了该项活动，分别听了方香椿、邓燕君、周刚三位教师独具一格的三节课。

当代中学生有三怕：一怕文言文，二怕写作文，三怕周树人。《记念刘和珍君》是鲁迅先生的作品，是旧文，是长文，也是难文。如何在有限的时间内，紧扣新课标精神，完成重难点的突破？作为在当地乃至全省都有一定影响的名师，这三位教师交上了令人满意的答卷。概而言之，为了实现长文短教，三位教师很好地处理了几对关系。

一、教学目标的确定与实施

高效的课堂是教学过程、教学方法对教学目标的精准演绎。要达到这种效果，教学目标的确定与实施之间需要有严密的逻辑联系。可以说，这是判断课堂质量高低的一个关键点。

方香椿老师的教学目标是探究性阅读，主要设计了三个主问题：同学笔下的刘和珍、鲁迅是如何看待刘和珍之死的、鲁迅是一个怎样的人。从刘和珍的形象到鲁迅的尊敬、悲愤，再到最后读出鲁迅对苦难生命的悲悯，问题层层推进，在教师的引导下，学生逐步将自己的理解引向深入，突出了学生的自主、主动与探究能力的培养。

邓燕君老师的教学目标是语言的梳理与积累，邓老师以"我读出了一个_____的刘和珍"为切入，巧妙地穿插背景与相关文段，通过比较、品读、改写等手法，将学生引入对文中相关细节、品字、反语、虚词、长句、反复等语句的分析中，让学生在用词变化、句式变化中准确体味作者的情感变化，很好地提高了学生的诵读能力与品味语言的能力。

周刚老师的教学目标是整体阅读，围绕这一目标，他设计了三个问题：一是要求学生用一个词语概括刘和珍的形象，再用文中具体语言加以陈说；二是如果让你写这样的纪念文章，你打算从哪些角度写？请用三个关键词概括文章的结构，并说明理由；三是请用旁批法品味作者在文中流露的情感。其教学实施做到了"大处着眼、小处着手"，正如孙元菁老师评论的："框架很大气，过程很细腻。"

二、教师主导与学生主体

笔者以为，这两者关系的把握是一节课成败的关键。如果过于注重教师主导，课堂往往只见预设，很难生成，学生容易让教师牵着鼻子走；过于注重学生主体，课堂很容易被学生带偏，远离了教学重难点，成了无效课堂。理想的课堂是教师的主导作用体现为引导学生探究本节课的主要内容，即本节课的重难点；学生的主体地位则体现为尊重学生的阅读体验，在课堂中引导学生讨论，倾听学生意见，着眼于学生的成长。

三位教师深谙此理，都设计了主干问题，规定了学生的探究方向：方老师的人物形象探究，作者情感探究，邓老师的语言品味，周老师的整体把握与点上突破。从课堂观察中，听课教师都有一种感觉，那就是在整个课堂上，学生是真正的主人，浏览、默读、品读，合作、交流、探究，分析、汇报、写作，学生学习的主动性得到激发，思维灵动，课堂热闹而有序，达到了灵动与厚实、真实与活泼的有效统一。

三、学生回答与教师理答

课堂教学的艺术是动态的艺术，这种动态不是简单的师生你来我往的问答，而是深层次的思想、思维等方面的碰撞与激发。在这方面，教师的理答最能体现出教师的理念与功底，这种功底主要体现在教师的总结、点拨、追问上。好的理答能将学生的思维引向纵深，引向规范，并形成一种习惯与能力。

方老师在问了"鲁迅先生是如何看待刘和珍之死的"后，一生答了是

第二辑 教学传真

哀痛，并举了课文中"我将深味这非人间的浓黑的悲凉；以我的最大哀痛显示于非人间，使它们快意于我的苦痛，就将这作为后死者的菲薄的祭品，奉献于逝者的灵前"做说明。对此，方老师不急于下结论，而是进行追问：它们是谁？"它们"为何不用表示人的"他们"？在教师的追问与自己的思考中，学生明白了作者对黑暗社会、对暴徒、对所谓学者文人的愤恨，以及对刘和珍等人的敬重。

邓老师在学生回答刘和珍形象时的"热爱文学"也没有下结论，只是追问了一句"怎样的文学"，学生在品读了课文的相关文字后，理解了刘和珍对进步思想的追求。而在具体的语言品析中，邓老师时时通过小结或点拨的方式引导学生明白反语的作用、长短句的不同表情方式、虚词背后的情感等内容。

周刚老师在这方面同样也是可圈可点。针对学生对刘和珍形象"有个性""不妥协"的较宽泛的分析，周老师连续进行了点拨：什么个性？不妥协体现在何处？不妥协的背后体现了刘和珍怎样的精神？这些追问与点拨让学生对刘和珍的形象有了全面而深刻地把握。

四、宏观架构与细节突破

课堂教学的宏观架构让课堂纲举目张，避免枝枝蔓蔓。但光有宏观架构，没有细节突破，课堂难免失之于粗疏，缺少血肉，缺少亮点。三位教师都通过主问题的设计，实现了课堂教学的整体设计与逻辑推进，使得教学环节层层推进，教学结构清晰严密。与此同时，他们在细节的把握上也非常到位。

三位教师都注意到了微笑、欣然、毅然、黯然等细节，引导学生读出了刘和珍的和蔼、坚定、有责任感、有进步思想，读出了反动政府的暴行，读出了学者文人的无耻流言。

在这方面，更值得称道的是方老师与邓老师。

如何让学生愿意读这篇跟学生有隔阂的文章？方老师的设计很有创意：让学生画你眼中的刘和珍形象，并说明这样画的理由。对于这样的设计，学生具有积极性，愿意走进文本，进行细读。课堂呈现也说明这样的设计灵动而精彩，扎实而高效。

邓老师在讨论刘和珍之死的时候，有这样一个教学片段：

问题：为什么鲁迅详写她们遇难的过程？为什么写到了子弹从背部入的细节？为什么写其一是手枪？

学生讨论回答——

生一：从背部入，说明是暗箭伤人。

追问：所以鲁迅对谁的情感就爆发出来了？

学生：杀人者的暴行。

生二：手枪是官员用的，是军官打死的

教师：军官是负责下命令的，说明不是"突发状况"。

在这个环节，教师很自然地将惨案的始作俑者指向段祺瑞执政府，同时，上下文中的"阴险论调、流言"等也就不攻自破，从而加深了学生对文章的理解。

五、课堂推进与支架搭建

理想的课堂，其环节推进是自如的、无痕的。这要求教师在主问题的设置上有内在的逻辑关系。三位教师都从人物形象切入，进而把握整体内容，在此基础上或探究情感，或品味语言，课堂教学结构逻辑关系清晰。在具体的落实中，因为学生与作者、年代、语言等诸多方面有隔阂，所以理解起来仍有不少困难，这时候，教师的支架搭建就必不可少。

在方老师的课堂上，预习阶段就让学生给眼中的刘和珍君画像，通过小组讨论，展现典型的代表作，让学生们说这样画的理由，直接将学生的思维切入课文的人物把握，为接下来的所有分析奠定了坚实的基础。这个师生共同搭建的支架很好地在课内与课外、能力与素养、预习与学习之间搭了一座桥梁，将学生的注意力一下子吸引过来，使整节课显得紧凑而高效。

邓老师在分析"平字见奇"时，运用的是"始终微笑的和蔼的刘和珍君确是死掉了，这是真的，有她自己的尸骸为证；沉勇而友爱的杨德群君也死掉了，有她自己的尸骸为证；只有一样沉勇而有友爱的张静淑君还在医院里呻吟"一句作为例子。在课堂上，学生一时难以理解，于是邓老师巧妙地设计了两个支架：一是与鲁迅的"在我的后园，可以看见墙外有两株树，一株是枣树，还有一株也是枣树"相比较，让学生明白，重复的目的是突出某种情感；二是让学生改写成最简洁的表述，学生在原文与"刘和珍和杨德群都

第二辑 教学传真

被打死了，只有张静淑还在医院里呻吟"的比较中，读出了烈士死的惨状，读出了执政府的残忍，读出了作者的悲愤。

周刚老师在文章结构时，要求学生用三个关键词进行概括。为了降低难度，根据前文学生提到的纪念文章，周老师特意设计了一个支架：依据《五人墓碑记》的写作思路。因为有了《五人墓碑记》的对照，所以学生把握课文思路简单了许多，马上得出了"缘由、结果、意义"三个关键词，既使课堂显得流畅，又使学生不过多纠结次要学习内容，将更多的时间留给下面情感与表达的学习重点。

六、文本品读与方法指导

新课标的一个重要亮点就是不仅注重陈述性知识的教授，更注重策略性知识的获得。以诵读为例，方老师在学生答出"我将深味这非人间的浓黑的悲凉；以我的最大哀痛显示于非人间，使它们快意于我的苦痛，就将这作为后死者的菲薄的祭品，奉献于逝者的灵前"一句时，让该学生再读一遍；让同桌评论，并带着自己的理解读；指导学生注意轻重音、节奏、快慢，突出重点词语朗读；教师带着情感读；最后全班齐读。在反复的诵读中，学生的朗读明显得到提升，对文章表达的情感的理解有了切实体验。

在这方面，邓老师的做法更到位。她将相关的重点文字用红字标出，引导学生或重读，或延长读，或美声读，让学生自觉地关注相关的虚词、动词、形容词，并深情地品读。以开头一句"中华民国十五年三月二十五日，就是国立北京女子师范大学为十八日在段祺瑞执政府前遇害的刘和珍杨德群两君开追悼会的那一天"的品读为例，邓老师让几位学生不加停顿地读下去，并与下面的短句"我没有亲见；听说，她，刘和珍君，那时是欣然前往的"进行对比，让学生体会到了开头长句造成的压抑感、窒息感，体会刘和珍请愿前往的欣然、欢快。这种深入到句式、用词、修辞等方式的品读是有所凭依的、扎实有效的，对学生言语的习得、语言品质的养成无疑是极为有用的。

周刚老师在这方面同样比较关注，他在课堂中提出了一个学生容易忽视的问题："君"一般是称呼男子的，这里在三名女子后面冠以"君"字有何用意？一经教师提起，学生对照前后文，马上明白，君称呼的对象一般品德高尚者，这里表现了作者对三位女子的敬意，对她们被虐杀的极其愤怒，对反动政府与无耻文人的控诉，对那些庸人们麻木不仁的愤懑，希望能借此将他们唤醒。这种从细微处入手的品读，长此坚持，定能使学生养成好的习惯，进而培养他们的鉴赏能力。

除了上述优点，三位教师还基于对新课标的理解，在很多方面做了有益探索，如重视学习的起点，在导语、问题设计、支架搭建方面都显示了匠心；在教学中努力实现由知识到能力，再到素养方面的转变，如自主意识，如让学生画像等；重视探究意识的培养，重视比较，包括同作者、同题材的比较，不同句式、不同表达的比较；重视语文味，如注重反复诵读、品读，让学生进行旁批等。

第三辑

课堂观察

03

按辔徐行向佳境

——写作课如何培养学生思维能力刍议

新课标（草案）明确提出了四大核心素养：语言的建构与运用、思维的发展与提升、审美的鉴赏与创造、文化的理解与传承。对于写作而言，其本质是思维训练，我们尤其需落实思维能力这一要素。那么，具体到一堂作文课，如何将新课标的这一理念落到实处？在这方面，孙元菁老师的"让说理走向佳境"给我们做了一个示范。下面我们以这节课为例，具体探讨写作思维如何培养与提升的问题。

这是参加省优质课比赛，最终获得一等奖的一节课，应海亮教育集团邀请，孙老师作为郭吉成名师工作室的核心成员，在海亮实验中学又演绎了一次该课。孙老师的课堂分为导入、探究、写作、提升、总结、作业几个板块。从概念辨析到写作实践，从修改提升到作业布置，几个板块是层层推进的。具体到思维层面，这节课有很多地方可供我们借鉴。

一、关于思维抓手的选择

思维，简单而言，就是思考的维度，是偏于抽象的一种能力。这种能力需依附具体的物象，即人、事或物才能得以呈现。对于这一具体物象，我们可称之为抓手。而能作为抓手的物象往往具备一些特性，如比较新颖，能激发学生的兴趣；有表层与深层的因子，能做不同层面的解读；能做多角度的观照，如历史的、时代的、社会的、人性的……孙老师显然考虑到了这些因素，选择了诺贝尔文学奖中的特例——将文学奖颁发给一个民谣歌手作为抓手，素材新颖，价值取向多样，很有讨论的价值，可供挖掘的内涵丰富。孙老师慧眼独具，在抓手的选择上，让学生40分钟的课堂始终保持着高度的注意力。

二、关于思维的一以贯之

在抛出鲍勃·迪伦是否应该得诺贝尔文学奖的问题后，为了防止学生的思维打滑或走偏，孙老师给学生界定了讨论的范式：对象+态度，让所有的课堂教学都围绕这一核心而展开。为了让学生的思考与思维走向清晰，孙老师对学生讨论结果的表达还做了进一步圈定：观点+理由。因为有了这样的界定，所以课堂上师生所有的活动都围绕鲍勃·迪伦与诺贝尔文学奖的关系而展开，表明自己的态度，阐明自己的观点，并从不同角度说明了自己的理由。这种一以贯之的做法使得整节课学生的思维发展沿着一条主线，如按辔徐行，渐入佳境。这对学生思维习惯的养成、思维严密度的建立、阐述主张时论据与观点的一致性等都有着莫大好处。

三、关于思维支架的搭建

对于鲍勃·迪伦的话题，学生比较感兴趣，但学生只停留于浮光掠影的了解，对其作品缺少深入的认识。针对学生的认知情况，孙老师在课堂上第一次搭建了支架，引用了鲍勃·迪伦比较经典的两首歌词——《答案在风中飘荡》和《尊严》，并带领学生深入品读，学生从中读出了歌词中对战争的疑问，对人生的思考，对和平的渴望，对穷苦人民的同情，歌词在这里被寄予了时代和社会意义。这个支架搭建的效果是极为明显的，在随后学生的板演中，两个学生的理由都说得很到位。学生1：他的歌词可以当作一篇诗歌来品读，从他的作品中能品读出诗意；学生2：他的歌词语句优美，却时时透露出对社会对人民的担忧，体现出他的人道主义思想。学生很自然地按观点+理由展开论述，指向了内容与形式两个层面。

关于对象的确定，学生的思维一时没有打开，于是孙老师马上从颁奖方做了引导，适时补充了以下几则材料。

材料一：诺贝尔奖评委员会对鲍勃·迪伦的评价：他把诗歌的形式以及关注社会问题的思想融入到音乐当中，这一点就足以获得诺贝尔的关注。

材料二：1953年，英国前首相温斯顿·丘吉尔凭借《第二次世界大战回忆录》获得瑞典学院颁发的诺贝尔文学奖。

瑞典文学院给丘吉尔的颁奖词：由于他在描述历史与传记方面的造诣，同时由于他那捍卫崇高的人的价值的光辉演说。

材料三：中国台湾作家龙应台说："鲍勃·迪伦根本从头到尾就是个诗人，只是用音乐卧底了五十年，今天瑞典学院揭开了他的真实身份。"

补充材料后，孙老师让学生比较丘吉尔与鲍勃·迪伦的共性，读出了鲍勃·迪伦歌词的深刻含义，对鲍勃·迪伦的理解深入了一层。

四、关于思维的逐层推进

高中学生初步有了思维意识，但这种意识是凌乱的、模糊的、不确定的，在这思维发展的关键时期，我们教师的作用是引导，通过追问、补充、阐释等方式，在引导中让学生的思维走向有序，走向清晰，走向确定，这就需要教师在问题的探讨中，有意识地对学生的思维养成做稳步推进，不作为或操之过急都会产生反作用。在这方面，我们举一个教学片段为例来分析一下孙老师对学生思维的引导作用。

师：瑞典文学院颁奖给鲍勃·迪伦，他们看重的是什么？他们打破了什么？

生1：作品有崇高的思想。

生2：文字有承担灵魂的责任。

生3：打破了文学领域，向全部领域开放。

师：这几位同学说得很好，作品要有文学价值，要对社会对人民有巨大的贡献。那么，贡献的共性是什么？

生4：维护人民的权利。

师：范围有点小。我建议减掉一个字，你会减掉哪个字？

生5：关注的是人，维护人的权利。

师：关注人，在高中阶段，大家还学过一篇外国小说家写的诺贝尔文学奖获得者文章，还记得是什么吗？

生6：《流浪人，你若到斯巴……》

师：这篇文章的作者于1972年获得诺贝尔文学奖，获奖的理由是他关注了战争和政治力量给普通民众带来的毫无意义的苦难，被称为"德国的良心"，那么丘吉尔与鲍勃·迪伦应该被称为_____的良心？

生7：人的良心。

生8：时代的良心。

生9：社会的良心。

我们很清楚地看到，正是孙老师的步步引导，学生的思维空间才逐步打开，思维在逐层推进，从而变得清晰、完整。

五、关于思维的训练与提升

写作课，不单要口说，更要手写，下笔的过程实际上就是思维的整理与训练的过程。在这方面，孙老师舍得拿出时间让学生当堂写作。更重要的是，无论是到讲台上板演，还是当堂训练，孙老师都给学生留了足够的时间，听课者也欣喜地看到，学生第二次的写作较之第一次，在思维的开拓与有序上有了质的飞跃。

我们不妨看一个学生的片段。孙老师在布置了从瑞典文学院的角度写下鲍勃·迪伦的获奖理由后，有个学生是这样写的：

他的创作透露着强烈的人道主义精神，是时代与社会现状的折射。无论是其中表达的反战主题，还是对下层人民的关心，都体现了作为一个歌手对社会责任的积极担当，以及对社会现状的深刻批判。瑞典文学院表彰的不只是单纯的文学形式，而且是文字背后承担的重量，以及所折射出的对人的关怀，对历史对现实的深刻剖析。

显然，这样的文字，无论是思维的深度、厚度、广度，都有了积极的发展，表明了学生对鲍勃·迪伦的认识有了更深层的把握。

孙老师对学生思维的提升不局限于此，她进一步从关联词的角度，让学生将自己写的文段加进"不仅是……""而且是……""更是因为……""反过来说……"等文字，让学生对思维的严密性做润色与修改。从学生交流的文段来看，他们的文字更具有了一种理性与逻辑力量。文章不厌百回改，显然，写作的修改正是思维提升的绝佳途径。

六、关于思维放与收的处理

课堂教学是一门灵动的艺术，这种艺术于教师而言，是火候的把握，是

第三辑 课堂观察

教师合适的介入。这一点在学生思维的放与收上体现得尤为明显。放是为了让学生开拓思维，大胆说，放开说；收则是让思维路径有章可循，让学生能依样画葫芦，迅速掌握思维的一些简单技巧。

在孙老师课堂的前半段，对于鲍勃·迪伦是否应该获诺贝尔文学奖的讨论，着重从鲍勃·迪伦的角度说理由，在学生说了许多理由后，孙老师恰如其分地做了"收"的工作：总揽学生们的理由，不外乎鲍勃·迪伦歌谣的内容与形式，或将两者结合起来。

在课堂后半段，对于瑞典文学院的讨论，由于学生的语言表达不够规范，因此孙老师对论述语言与抒情语言、陈述语言以示范的形式做了以下比较与界定：

抒情语言：鲍勃·迪伦，人们叫你民谣之父，人们叫你摇滚之王，人们叫你精神领袖。

陈述语言：鲍勃·迪伦，被人们称为民谣之父、摇滚之王、精神领袖。

论述语言：鲍勃·迪伦之所以被赋予"民谣之父、摇滚之王、精神领袖"这样的称号，不仅是……而且是……更是因为……反过来说……

这样的收束与小结让学生明白了论述语言所具有的强大的逻辑性，而在后面的发言中，学生不自觉地用上了孙老师总结的语言套路，这对论述语言的规范是极有好处的。

同样，对于论述如何走向佳境，孙老师也从"有理"与"有力"两方面做了归结：有理包含事件的内容、内涵事件的意义、影响主客体多方的立场；有力包含观点明确、论证充分、逻辑清晰。

通过一节家常的作文课，孙老师以清晰的思路、灵动的教学，让学生懂得了说理如何走入佳境的常见途径，具有极强的操作性。学生无论是分析能力还是语言表达，都得到了有效锻炼。这与孙老师这节课重视学生思维能力的养成，以及课堂本身也具备严密的思维力量是分不开的。

莫管牡丹真国色，百合亦可绽清芳

——对当前诗歌教学的困惑与思考

那是2013年的最后一场大雪，我们名师工作室有幸请到了特级教师黄玉峰，相聚在如诗如画的仙居，黄老师触景生情，口占一诗，项香老师和诗一首，宾主相得，吟诗作画，挥毫泼墨，谈书说教，其乐融融，笔者很受感染，尽管诗才有限，但是回来也写了一首诗作为唱和，其中最后两句就是，莫管牡丹真国色，百合亦可绽清芳。之所以想到这幕往事，缘于对当下诗歌教学的一些思考。

中国是诗的国度，千百年来，我们的祖先为我们留下了丰富璀璨的诗歌瑰宝。可惜到了21世纪的今天，我们这些不肖子孙已将祖先的遗产挥霍一空，所剩有限。蒙克说，上帝死了。笔者说，诗人已死。就是在中华文化被彻底格式化的十年"文革"中，那些诗人还在高吟"黑夜给了我黑色的眼睛，我却用它来寻找光明"，喊出了"卑鄙是卑鄙者的通行证，高尚是高尚者的墓志铭"的时代强音，让自己"相信未来，热爱生命"，而如今，"诗人"成了疯子、成了落魄者的代名词。我们的青年身穿李宁服，脚穿耐克鞋，斜挎安踏包，耳插蓝牙，兜放MP4，嘴嚼KPM（肯德基、比萨饼、麦当劳），轻哼周杰伦，目不斜视地盯着苹果五代，飞快地按着键盘……他们没有了激情，没有了沟通，只沉浸于精神内世界，哪怕是两个人坐在一起，也像网上所调侃的，世界上最远的距离不是一个在天涯，一个在海角，而是两个人坐在一起，各自玩着手机。到底是什么让我们的学生没有了诗情？曾经，笔者无数次问自己。就诗歌教学而言，笔者觉得，我们教师有不可推卸的责任。

毫无疑问，就教学流程而言，我们是尽责的，我们从诗人的身世、创作背景、诗歌意象一直到诗人的情感、写作技巧，全方面对诗歌进行剖析，并美其名曰鉴赏。学生也能学得头头是道，也能在诗歌鉴赏中分析得细致入微。但我们学了很多，就是进入不了屈大夫九死不悔、陶渊明恬淡闲适、李太白横空出世、杜子美忧国忧民、苏东坡高旷达观、辛弃疾横放杰出、陆放翁以身许国、岳鹏举热血澎湃、文天祥正气浩然的精神世界，当然，更写不出一首像样的诗。

问题出在哪里？"诗从肺腑出"，诗歌是抒情的，我们偏偏忘了自己情感的律动，我们太冷静了，冷静得像庖丁解牛一般，可以将诗歌的内容剖析得一览无余。没有情感的课堂教学，哪里能让学生得到一丁点的感动？曾经，笔者在课堂上极为投入地诵读《沁园春·雪》，学生在台下就像在动物园免费看一场动物表演，这可被认为是古往今来最有气势的四首词之一啊！为什么？为什么？不为什么。我们的学生已经习惯了置身文外。而我只能是悲哀悲哀再悲哀。

干涸的心田是长不出丰硕的果实的。曾经，笔者让学生尝试写诗，稍好的是模仿之作。

我在学生的课桌上看到一组这样的诗。率先上阵的大概是位男生：

生命价不菲，爱情也可贵。你要嫁给我，我也不反对。

旁边一首秀气小诗回敬：

生命价不廉，爱情也可贵。要我嫁给你，请先排好队。

下有两首小诗当为男生所写：

第一首：爱情价虽高，生命更可贵。你不嫁给我，我也无所谓。

第二首：生命诚宝贵，爱情使心碎。你不嫁给我，跳楼往下坠。

第二首诗旁有一行小诗忙安慰：

爱情价虽高，生命更可贵。何不学大鹏，展翅朝天飞？

这男生见此，马上续道：

生命价虽高，爱情更宝贵。要学学鸳鸯，池中双戏水。

看来，这是他们有感而发。

其次是打油诗，也来看一首：一个老太婆，年纪七十多。伸手抓母鸡，敏捷又灵活。

更多的学生是写不出来。学生走了一趟江南八达岭，就憋出了一句：城墙城墙，真他妈长！我还记得那一年，一位江苏的考生在考场上也留下一句经典：我淌过灵动的水，爬上沉稳的山，大喊一声，我不会写。

之所以会是这样的困境，也不怨学生，只怨我们的考试。至少高考的指挥棒在那里。高考题里的诗歌鉴赏是不关涉你是否被感动了，也不指望你能写诗。哪怕是作文，几十年来都是那么一句"文体不限，诗歌除外"，还记得2007年浙江省的那篇高考奇文《吊屈原赋》，尽管文采飞扬，但只因是赋体文章，犯了"文体不限，诗歌除外"的大忌，得了低分。只要我们教师还要食人间烟火，诗歌还得那么教。

当然，学校也并非象牙塔，我们还可以从社会上找原因。我们社会在价值的追求取向上明显出现了狂热的、非理性的偏差：我们的高雅文学出版极难，稿费少得可怜（诗人更是要饿死），我们的通俗文学如雨后春笋，欣欣向荣；我们的图书馆、书店门可罗雀，我们的电视荧屏前晃着无数脑袋，对着后宫戏、穿越剧如痴如醉，为各类选秀节目摇旗呐喊；我们拼命吮吸着网红学者等"高级奶妈"的"二道奶水"，而我们的传统典籍却躺在故纸堆里满脸尘垢，无人问津；我们的阳春白雪已完败给了下里巴人——我们正在进入全民选秀、全民娱乐的时代：超级女声、快乐大本营、中国好声音……人们在娱乐中丧失了斗志，儿童过早地失去了童真。就对社会大众影响最大的影视而言，笔者曾经做过这样的归纳，我们这一代，要么在一夜成名的选秀娱乐中迷失了心性，要么在抗日雷剧中自我陶醉，要么在《美人心计》《宫心计》《步步惊心》《倾世皇妃》《后宫甄嬛传》等后宫斗争中将人性的阴暗、丑陋修炼到极致。在这样社会环境下，与学生谈诗歌，要求他们具备一颗诗心，无异于对牛弹琴，痴人说梦。

那么，对于诗歌教学，我们真的无所作为了吗？或许一棵树改变不了森林，但它仍有自己的价值。抱着这样的心理，在课堂上，笔者仍极其卖力地诵读，不管学生的眼光是观赏，是怜悯，还是同情。无论是教学，还是平时生活，笔者仍身体力行地写一些诗歌。笔者的QQ个性签名是一句诗：素心只为明月挂，野趣常随白云留。笔者发表的近千篇文章中，有一半的标题是诗句。笔者出版的各类著作中，大部分章节的标题也是诗句，在与学生交流的下水作文中也有相当一部分的文字是诗句。至今笔者还记得尊敬的郭秀楷老

121

师去世后，笔者接他学生班级的情景，笔者在课堂上写了一首《怀郭秀楷老师》，内容如下：

> 先生才高心坦荡，谱写教育新华章。
>
> 硬气直追方孝孺，真诚不下李尧堂。
>
> 音容笑貌山河远，苦雨凄风日月长。
>
> 纵使灵江都是泪，难抒心头别恨伤。

台下的学生听后泣不成声，课后也写了大量诗句。可惜那时没有电脑，没有摘记的习惯，珍贵的文字没能保存下来。但至今笔者仍记得语文课代表的一句诗：在你离去的时候，你的身影是帆，我的目光是流河。

笔者的这些实践也不是说没有一点收获。笔者记得，2002届高考，笔者的学生——语文一号选手以诗情的语言写成了一篇作文，获得了满分；2005年，笔者所带班的班长以一篇《风起风落间》获得了满分，其开头就如一首现代诗：

晨风抚过松林，飒飒作响，那是林海的呼吸；初阳掠过草地，拾起珠玑，那是天外的暖意；蝶翅轻拍花朵，轻舞飞扬，那是新生的涌动；绿叶滴下晨露，折射阳光，那是盛夏的生机。

2008年，笔者任教的文科班出现了全校有名的"三剑客"，高考作文一人得满分，两人得58分，至今笔者还记得她们都以诗意的句子开头：一句是"多情的喜鹊叫醒了乡村的黎明"，一句是"我打江南走过，踏着乡间的青石板路，聆听耳畔的鸟语呢喃，浸润在沾湿的栀子花的氤氲香气中"，一句是"那里是云的飞翔，是风的吟唱，是莽莽山原的故乡，是淙淙流水的天堂"。

也正因了这么一点笔者自认为的小成绩，笔者继续着自己的诗歌之路。在生活中，我们可以不是诗人，但须保持着一颗诗人的心。在闲暇时，让自己抬头看看明媚的阳光和天空的流云，聆听山间的泉唱与小鸟的欢鸣，让自己的心灵保持一泓清泉，让自己去欣赏白云的飘逸，去体会天空的湛蓝，去品味桃花嬉戏东风的春、浪花裂开心花的夏、稻禾沾满金露的秋、白雪覆盖山坡的冬。在苦闷时，不妨到校园走走，看看远山，看看流水，看看小桥，看看白云，看看蓝天，看看夕阳，听听鸟鸣，倾听万籁之音，让自然给自己的心灵以慰藉，让自己的生命中多一点青山绿水，多一点响遏行云；多一点杏花春雨，多一点小桥流水；多一点渭北春树、江东暮云；多一点渭城朝雨、枫桥波澜；多一点江雨霏霏的景致、霓裳羽衣的闲情……这样，也许我们才能让学生从电子产品中走出来，从世俗诱惑中走出来，从心灵钝化、锈化中走出来，洗净心灵中的尘垢，让灵魂重回清明澄澈。

我们还可引导学生走进诗歌世界，享受"寂然凝虑，思接千载；悄焉动容，视通万里。吟咏之间，吐纳珠玉之声；眉睫之前，卷舒风云之色"所带来的精神愉悦，抚摸屈原、陶渊明、李白、杜甫、辛弃疾这些生不逢时、不为世用的痛苦而不屈的灵魂，品味老庄那超然物外的旷达、飘逸与洒脱，在飞扬振动、金戈铁马的慷慨之音中，在悲摧心肝、伤痛欲绝的英雄之泪中，丰富自己的情感，在千年不竭的"精神之旅"中行走。

对于以上内容，笔者只做过一些小尝试，和那些教育大家的改革相比，笔者的这些尝试好比野百合之于高贵的牡丹，但是，在那寂静的山谷里，野百合也有自己的春天。秉承着这么点自信，笔者仍将继续这样的探索。"告诉你吧，世界，我不相信！也许你脚下有一千个挑战者，那就把我算作第一千零一名。"这是北岛最有名的《回答》，也算是我对诗歌教学改革的回答吧！

上出选修课的"选修味"来

——以谢微萍老师《跟小品学写作》为例

进入21世纪以来，国家层面上的课程改革已进入第二阶段，这一阶段最大的特点是必修与选修并存，注重教师的课程开发能力，尊重学生的课程自主权。在选修课程上，分列了四类课程，分别是知识拓展类、兴趣特长类、职业技能类、社会实践类，给学生提供了广阔的选择空间。在课程开发上，不少学校经历了"大干快上"到去芜存精的过程，经过两三年的积淀，课程质量明显上了台阶。但对于选修课该如何上出"选修味"、与必修课堂是否一个上法、不同类别的选修课堂有没有共性等问题，许多教师仍是一头雾水，不明就里。放眼当前，选修课堂是"乱花渐欲迷人眼"，没有相对明确的教学目标、教学环节与教学策略，教师们备课随意，课堂也是表面热闹，"看上去美丽"，而喧嚣过后，往往什么也没有留下。这种状况对课程性质的界定、必修与选修概念的厘清显然是不利的。下面笔者以台州市高中语文学科基地课程建设推介会上谢微萍老师的"跟小品学写作"为例谈一下自己的理解，希望能引起这方面的讨论，改变当下选修课无序的局面。

该课是谢老师选修课程"跟小品学语文"中的一节，属于知识拓展类课程。在教学内容上，谢老师将"陡转"定为这节课的主要任务。其课堂按小品视频—陡转表现—概念内涵—推进深化—写作训练的程式展开，主线明显。考察其教学，笔者觉得，选修课的课堂应该具备以下四个特点。

一、趣味性

之所以把这个特性列为第一条，是因为这是决定一节课程有没有存在必要的首要因素。必修课程因为其课程的性质具有规定性与强制性，所以每个学生不管主观意愿如何，必须参加。而选修课程则不然，如果缺少相应的趣味，吸引不了学生参加，这节课程就无法存活，也就没有了相应的价值。相反，有了趣味，学生可以在趣味的引导下投入而高效地学习，这样课程也就有了课堂坚实的根基。谢老师在这一点上做得非常成功，其选择的语料《昨天·今天·明天》是小品的经典，赵本山与宋丹丹的打扮、表演，崔永元的适时穿插，以及乐队的巧妙配合使得现场观众发出一阵阵笑声；纪晓岚的祝寿词属于波浪式的陡转诗，让与会者的心绪就像坐了回过山车，活画出了纪晓岚的幽默和智慧；《喜乐街》的陡转是发生在导演的命令之下，考验的主要是应变能力和表演能力，有很强的喜剧效果；《扶不扶》除了令人发笑的幽默之外，更有一种对社会现象（问题）的批判，令人深思，是一种含泪的笑……众多典型的材料在给人带来欢笑的同时，也引发人深思，别具一种趣味性，整个课堂紧紧吸引了学生的注意力。

二、拓展性

选修课程作为必修课程的拓展，注定了其需要在必修的基础上，从多个维度加以拓展，让学生开阔视野，加深对事物的认识。这种拓展应该包括认知的拓展、思维的拓展、审美的拓展等。

谢老师在这方面是下足了功夫。

（一）认知的拓展

学生看完小品片段《昨天·今天·明天》后，笑得前仰后合，但这种笑仅停留在感性层面。谢老师很自然地引导学生探究"笑的原因"，将学生的目光引向两个片段。

片段一：

宋丹丹：你不叫崔永元吗？

崔永元：对。

宋丹丹：俺们村人可喜欢你了。

崔永元：真的啊？

宋丹丹：都夸你呢，说你主持那节目可好了。

崔永元：这么说的呀！

宋丹丹：就是人长得磕碜点——

片段二：

赵本山：你咋这样呢！

宋丹丹：说实话嘛。

赵本山：你瞎说啥实话——对不起，她那不是这个意思，我老伴说那意思是都喜欢你主持那节目，哎呀，全村最爱看呐，那家伙说你主持得有特点，说一笑像哭似的。

赵本山：不是，一哭像笑似的——

经过细细品味，学生明白了引人发笑的原因所在：当人们顺着小品思路往前走的时候，表演者突然突破观众的心理预期，产生陡转，出人意料，这种状况如奇峰突起，给人以一种全新的快感。而这正是陡转要义之所在。这样的安排让学生由感性到理性，对陡转有了一个相对清晰的认识。

（二）思维的拓展

在必修课堂上，学生的思维更多表现为直觉与灵感，并有一定成分的联想与想象。作为选修课，需要在前两者的基础上做些必要的深化与拓展。在这方面，谢老师的课堂较为突出地注意在了学生思维的辨识与批判上。同样是幽默小品，谢老师着重让学生探讨了《喜乐街》与《扶不扶》的不同点。在激烈的质疑、讨论、交流中，学生逐渐明白：《喜乐街》陡转（反转）的方法贯穿始终，但只是导演控制下的表演者应变能力和表演能力的考验，其陡转的频频运用只是为了造成意外，从而产生幽默效果；而《扶不扶》不同，除了令人发笑的幽默之外，其更有一种对社会现象（问题）的批判，令人深思（体现批判精神）。相比之下，这个小品的陡转更深刻，更有内涵。换言之，两个小品同样使用陡转，同样都有出人意料之效果，但在内涵上却有深浅之分。这种探讨对学生思维的拓展与深化有着非常积极的意义。

（三）审美的拓展

曾有教育研究者指出，中西方教育中一个较为明显的差距是审美能力的培养。长期以来，由于功利主义的盛行使我们的审美教育少得可怜，即使偶有涉及，也仅仅停留在体验与感悟阶段，这对学生的全面发展是非常不利的。作为选修课程，这方面应该有其较为广阔的施展天地。

谢老师的课堂在审美的品味与鉴赏上花了不少工夫。通过视频与文字的呈现，学生生活的回顾，课文内容的勾连，相关讨论的回忆，对不同形式的陡转做了美学意义上的品味与鉴赏，师生对陡转手法有了较深切的体验。同时，师生还总结出了陡转的几个关键词："意外、内涵、情理"，这种审美的升华是当下选修课中较为稀缺的。

三、探究性

理想的课堂是教师创设一定的情境，引导学生主动参与课堂，运用科学的方法对问题进行思考、研究、交流，从中获得实践能力以及思维发展，自主构建知识与能力体系的一种学习方式。综观谢老师的课堂，主要有三个板块的探究：概念的探究、内涵的探究、技法的探究。

概念的探究由小品《昨天·今天·明天》引出，其间，学生谈了自己平常学习中的陡转运用，联系了课文中《破阵子·为陈同甫赋壮语以寄》与纪晓岚的祝寿诗，以及生活中清明节的《烧钱》等内容，通过求同思维，最后得出了"陡转"较为准确的概念。

在内涵的探究部分，教师播放了小品《喜乐街》与《扶不扶》片段，学生对两个视频进行了思索、研究、阐述，在交流中展开激烈交锋，辨析了异同，得出了优秀小品不仅要让人发笑，还要让人在发笑之后留下某种深刻的东西，这就是小品的内涵所在。

技法的探究则结合写作进行，教师在课前发下一篇去掉结尾的小说《笔记》，大致内容是：教授自我陶醉于自己"非常精彩"的上课，但有一个学生漫不经心地看着窗外的一只蝴蝶。于是教授很生气，要这个学生把笔记本递给他。作文的要求是让学生根据前文相关暗示，续写150字以内的结尾。在课堂上，教师要求学生讨论自己的续写，哪些用了陡转手法，哪些没有，如果现在修改，你会怎么修改。这是整个课堂的高潮部分，学生的答案异彩纷呈，在不断的碰撞中，学生在明白陡转内涵要求的基础上，还学到了陡转的一些技法，并尝试着将其运用到自己的写作实践中。这样，课堂的探究很好地实现了理解到内化的过程，实现了课堂质的飞跃。

四、综合性

只要是学习，必然伴随着知识的学习，这种知识包括主体性知识与非

第三辑 课堂观察

主体性知识。当然，就知识性比重来说，必修显然要超过选修。选修课对知识的序列要求相对淡化，这使得其课堂往往带有其他元素，体现出更浓的综合性。就这节课而言，从内容的选择来看，有小品，有诗歌，有小说，有生活感悟；从媒介来看，有视频的，有纸质的，有新媒体的（微信）；从学习方式来看，有研读，有对话，有探讨，有写作……整个课堂打通了课内与课外，突破了时间与空间，形式灵活，内容厚实，较之必修课的中规中矩，显示出了一种大开大合的大气与灵动，而这正是选修课堂综合性的优势所在。

选修课到底该怎么上，不同的执教者会有不同的理念与主张，但若真的与必修区别开来，这些特性应该是明显的。当然，并非说必修没有这四方面的特点，而是相比较而言，选修在这些方面的特质更为突出而已。

土拨鼠哪里去了

——活动教学的随想兼与党红英老师商榷

在扬州中学举行的全国中学语文教学研究会主体发展活动教学高峰论坛上，笔者有幸听了党红英老师执教的李煜的绝命词——《虞美人》，党老师如火的激情、渊博的知识、开阔的视野让我们这些来自四面八方的几百名教师为之赞叹，但仔细品味这次会议的主题的关键词——"主体发展"与"活动教学"，总觉得有几分疑惑，下面笔者不揣浅陋，提出几点问题与党老师商榷，并与广大同行一起探讨。

一、导入新课与教学重点的问题

党老师以"战争，让女人走开"入手，以对比手法引出"一手拥女人，一手擎宝剑"的绝世英雄项羽，慷慨激昂地讲述项羽的垓下之围，诵读项羽的《垓下歌》与虞姬的《和项王歌》，引出"虞美人"词牌的由来。接着话题一转，讲述词的由来与发展，并着重提到李煜对词的极大贡献，并由毛泽东的"惜秦王汉武，略输文采；唐宗宋祖，稍逊风骚"引出刘邦，再曲曲折折地引出李煜，介绍李煜的大致生平，并详细解说李煜写作此词的前后经过。做完这一番工作以后，党老师提问学生：未学此词之前，有些同学已有一句能诵读，你是作为什么记住它的？学生谈了对"恰似一江春水向东流"的理解后，党老师又与学生一道补充了有关"水"的意象与写"愁"的名句，最后引入本文的重点：李煜的哀怨在哪里呢？当时笔者看了时间，党老师这一环节花了近二十分钟，而接下来对李煜哀怨的理解仅花了十来分钟。尽管党老师的导入很新奇，能激发学生的兴趣，让学生长了不少见识，但对

第三辑　课堂观察

照这次会议的主题，以及教学重点，总觉得有点异样——师生对话活动过少，学生的主体地位未得到落实，给人以主次颠倒、头重脚轻之感。

二、问题切入与角度选择的问题

党老师导入时间用得较长，还有一个原因就是在"恰似一江春水向东流"上纠缠的时间过长。笔者记得当时党老师是这样提问的：这句名句名在哪里，为何能跨越千年？这个问题很大，平时学生对名句的态度往往是先背下来再说，至于它好在何处，可能较少关注，于是课堂气氛冷了下来，尽管党老师一再引导，但学生们就是"启而不发"。这使笔者想到提问的角度问题。为何学生不理解我们提的许多问题？为何起不到引导学生思索，拓展思维的作用？笔者认为主要原因就是角度太大。这里不妨将问题的角度切口转换得小些：这句词用了什么手法？写出了怎样的感情？与前人写愁的诗词有何异同之处？这样化大为小后，学生"跳一跳"就能"摘到果子"，效果会好些。

三、预定内容与适时调整的问题

如上所述，在"恰似一江春水向东流"一句的解决上，由于学生实际情况与党老师所料有较大差距，花费了过长时间，但党老师没有适时调整预定内容，以后的教学基本上是教师唱主角，学生只是被动地牵着鼻子走，双边活动未能和谐。这给了我们很大启示：课堂教学环节一旦出现料想不到的意外，教师还要根据实际情况，适应学生进行调整，以充分发挥学生的主体作用。不会适时变化是漠视学生主体地位的一种表现。

四、面上铺开与点上深入的问题

综观《虞美人》教学整节课，党老师的内功相当扎实，谈吐之间，上下五千年，纵横九万里，从文学史说到文坛掌故，从项羽到李清照，再到王国维，容量之大，知识面之广，令听课者叹为观止。但不可否认，党老师在点上的深入是令人不敢苟同的，对于每个教学点，她都只做了浮光掠影、蜻蜓点水的介绍和解读，没有深入其里，让学生不但知其然，还知其所以然。笔者以为，一节真正的好课应该是既有面上的拓展，又要有点上的深入；既放得开，也收得拢；让学生既有感性的体验，又有理性的认识。

五、外围点击与内部突破的问题

短文教学，尤其一些诗词教学，人们习惯的做法是扫清外围，知人论世，由外及里地对文本进行研究探讨。但有一点教学者不应忽视，那就是外部是为了内部服务的，内部才是教学的重点所在。而在这节课中，前面我们已提到，党老师在引入词作前，花了近二十分钟，而解读《虞美人》词作本身仅用了十来分钟，剩下十来分钟则是介绍对这首词的评价，听完整节课，学生得到的大多是教师给出词作以外的东西。这好比攻城，只是将城池包围起来，围而不攻。课堂上，师生对词作本身缺少深入分析，缺少共同探讨，缺少感悟体会，缺少真情品读，这样的诗词教学很难让学生留下多少深刻的东西。

六、学生思考与教学进度的问题

从教学上看，为了让学生有更好的交流，教师要舍得花时间让学生对问题有足够的思索，让他们能用心体悟文本，读出作者的感情，读出自己的见解。但在本节课中，由于前半节课耗时过多，党老师为赶进度，学生根本来不及进入文本，就被她叫起来回答问题，交流看法，教师为交流而剥夺了学生思考的时间。其结果是教师与学生只能是停留在文本的表面做些浅显的讨论与交流，学生得不到更多有益的思索与收获。

七、学生回答与教师整合的问题

近年来，语文教学上对对话教学、活动教学的讨论方兴未艾，不管争论者持何种观点，笔者以为，有一点是共同的，那就是对话教学也好，活动教学也好，应是教师主导与学生主体的统一，既不能由教师独霸讲台，包打天下，也不能任由学生活动，流于形式。在这方面，党老师做得似乎不够。由于前半节课课堂气氛不够理想，因此后半节课师生的对话几乎都是为了对话而对话——直奔教学目的。教师听完学生回答，不做补充和整合，或做出是非的判断，或直接抛出所谓正确的理解，对话起不到应有的碰撞的作用，这样的教学效果也就可想而知。

这样一节课下来，尽管党老师上得十分卖力（她上课时大汗淋漓），但学生的主体并未发展，活动并未展开，看着横幅上的标题，笔者自然地想起了一个问题：土拨鼠哪里去了？

观摩是为了提高，党老师课堂中存在的问题实际上是现在不少教师中包括笔者自己普遍存在的。希望通过这次探讨，广大教师们能得到更多有益的启示，也希望以后能多进行这种活动。

最后笔者就本节课再多言几句。虽然党老师是女子，但其风格却充满了阳刚之气，在整节课上，萦绕在耳边的是党老师的如虹气势与铿锵之音，大有"关西大汉手执铜琵琶铁绰板高歌大江东去"之气概，总感觉与李煜这首词的哀怨叹惋的基调很不协调。笔者以为，再上公开课时，党老师不如选豪放风格的《念奴娇·赤壁怀古》这样的篇目为宜，不知党老师与诸同行以为然否？

写作教学：呼唤理性的回归

——评陈爱娟老师的《说出你的道理来》

当前，写作教学主要存在以下两个误区。

一是散漫杂乱。即写作教学没有规划，缺乏系统。其表现是没时间备课了，或心血来潮了，写篇作文；要么跟着应试走，针对统练、期中、期末试卷的作文题，东拉西扯说几句，读几篇得分高的文章，兴之所至做些点评，美其名曰作文讲评。这些就算是他们的写作教学。

二是起点过高。动辄以文学的高度要求学生写作，把写作弄得玄之又玄，学生摸不着头脑。其结果是文学素养没上去，也不会议论分析。如下面这两段选自2014年浙江高考作文《玉笙吹彻》的文字。

"偷得梨蕊三分白，借得梅花一缕魂。"大观园里，繁华囚禁了多少青春年华？推不倒的高墙，翻不过的篱落，只那几竿子竹子方显得几分清净来。黛玉独坐纱窗，看"花谢花飞飞满天"，听"秋风秋雨秋夜凉"。泪落了又落，才情在一豆烛火中化为灰烬，余红犹热。她目下无尘，如谪仙般不食人间烟火，装愚弄拙的大路，假意逢迎的大门，畅通无阻，她却视而不见；她的正直，步履维艰却义无反顾。她有才情，便要流露地酣畅淋漓，即便化为青烟也要有余烬证明。

她有话要说，即便得罪人也要问心无愧，功名利禄是粪土，家族纷争是云烟。她活在自己的世界里，无惑无畏。推开尽头的那扇门，她用自己最美好的年华将一切埋葬。黛玉的美是超然的，追求自己想要的，柔弱却坚韧。她的坚定，她的勇敢，她的不为世俗所趋的情操令多少读者掩卷唏嘘，心碎不已却敬慕之情油然而生？她那风华绝代的生命，和着悠悠的玉笙吹彻在永

133

恒的传奇里。

文章议论中带有抒情，文辞华美，意境空灵，颇有秋雨散文的味道。但其表达的内容却是空泛浮华的，换言之，透过其优秀的文字，对于作者想要表达什么意思、林黛玉的事例与"大学的门与路"究竟有着怎样的联系，我们摸不着边际。像这种浮泛虚空、缺少理性思辨、不讲逻辑不讲思维的文字，在学生平时作文中不在少数。

在这样的写作教学背景下，规范文体的写作能力，尤其论述文的写作能力，在中国高中生中普遍表现不佳。有研究指出，中西方写作最大的差异就是思维思辨能力的差异。甚至有大学教授惊呼：如今的中学写作教学怎么啦？进了大学，学生连基本的议论文都不会写。究其原因，正如陶然教授所指出的，由于一段时期高考作文命题提倡"文体自选"惹的祸，这种自选使得学生觉得，作文就是个筐，什么都可往里装，思考肤浅，表达散漫，缺少基本的逻辑。或许这正是新课标将"思维发展提升"作为四大语文核心素养的原因所在吧！有感于此，浙江高考命题者力图以高考这根指挥棒来撬动中学写作教学的变革。近儿年，他们从命题上有意识地向论述类文章靠近。尽管2015年的"作品与人品"关系的讨论没规定必须写论述文，但其倾向性是明显的。而2016年的考试说明则特别在论述文下面加了着重号，其意思不言自明。

幸运的是，已有不少有识之士认识到这一点，在作文中提倡理性思辨能力的培养。如近几年，丽水市教研员应慈军老师一直致力于"写好一篇论述文"的研究，并将成果扩大到省内各地；譬如绍兴鲁迅高级中学的陈爱娟老师在《语文周报》等杂志上连续刊文，通过实例分析，教学生写作议论文。笔者也曾在去年高考阅卷结束后写了篇题为《揭开理性思辨的面纱》的文章，刊于《中学语文》，后被人大书报资料中心《高中语文教与学》全文转载，在国内产生了一定影响。

但这些做法远远不够。所以，我们有志作文教学改革的同人有意识地将自己作文教学改革的理念引进了课堂，陈爱娟老师的"说出你的道理来"就是其中典型的一节课。

这是我们郭吉成网络名师工作室一节常规的研讨课，上课的对象是龙游第二高级中学高三理科实验班学生。考察陈老师的课堂，主要有如下特点。

一、环节安排合理

我们先来看陈老师的主要课堂教学环节：

一为前奏曲。由小孩子对话引出了"把道理讲明白"的话题。

二为铺垫曲。通过一个报纸上的典型文段，分析议论分析的缺乏，引出议论文"理"的探讨与阐述。

三为高潮曲。着重讲解训练了因果分析法、假设分析法、归纳分析法、比较分析（正反对比）法四种分析论据的方法。

四为尾声。总结方法，要求学生在平时的写作中能够熟练运用。

其中，高潮曲为整个课堂的重心，陈老师将方法介绍、文段分析、实战训练打通，让学生在领会的基础上掌握方法，从而内化为自己的能力。

从引出到理解，从领会到内化，指导与训练相结合，整个课堂张弛有致，课堂环节安排得很合理，学生学习效果明显。

二、陈述知识到位

特级教师郭吉成认为，知识教学应是课堂的核心问题，若离开了这个核心，不管课堂如何漂亮，一切都是无本之木，无源之水。从这一点来说，陈老师对几个核心知识的陈述是非常到位的。关于论述类文本，陈老师让学生在陈述看法的基础上，抛出了浙江省特级教师胡勤的观点：论述类文本真实论述自然或社会现象与规律，分析因果关系，具有逻辑性、客观性特点。三言两语解释清楚，学生很快进入到内核的理解。关于议论文的"理"，陈老师的归纳简洁却切中了要害。她认为，议论文中的"理"可分为两个层面：一是指"事理"和"情理"，它们均需要说清讲明；二是指"常理"和"哲理"。"常理"一般只有提升到"哲理"层次，文章才会有厚度和质感。其他关于分析论据的方法的解说同样简洁精要，易为学生所接受。

三、学生定位恰当

关于教学主体是学生，现在已无疑义。问题在于该如何落实。龙游县教育在浙江省属中下游，龙游第二高级中学的学生是龙游高级中学招了前700名以后留下的，而龙游人口仅40万，每年初中毕业生仅4000余人。其学生与

第三辑 课堂观察

绍兴鲁迅高级中学的层次是不一样的。在这方面，陈老师真正做到了以生为本，针对理科实验班思辨能力较好但论述文底子可能较差的实际，她确定的教学内容既合乎学生的认识实际，又需要学生跳一跳，力求在原有基础上有所提高。考虑到学生对论述文的认识较为粗浅，陈老师设计了思维导图片断，内容如下：

我们很容易理解"言为心声"，也即作品反映其人品（观点句）。所谓"郁结乎心而发乎声"，作品本身定然有着作者个人人品的渗透（阐释句）。引美学家蒋勋之言："杜甫的'朱门酒肉臭，路有冻死骨'，之所以成为千古绝句，我认为不是诗歌上的技巧，而是诗人心灵上动人的东西（材料句和正面分析句）。同样是一堆白骨，很多人走过去了，却没有看见（反面分析句）。"试想，若是杜甫没有忧国忧民之心，又何来发自肺腑之言（假设论证）？伟大的心灵投影在文学上，依然是伟大的作品，是高尚的品性。（结论句）

这是浙江省2015年一篇高考满分作文中的一段，陈老师按照作者思维的展开方式做了标注，学生只是过了一遍，马上理解了论述文的关键所在。这种教学支架的设置是建立在对学生定位恰当、充分尊重的基础上的。

四、教学符合规律

综观陈老师课堂，讲解、训练合乎学生的认知规律。在核心概念的理解方面，陈老师引导学生辨识、添加，大多只给出事实，让学生试着进行分析，让学生理性地了解知识的过程。在此基础上，陈老师或让学生口头训练，或做实战训练，并在交流中对学生的成果——进行交互式的点评，其中有鼓励，有指点，有提升，让学生的思维由单一变得连贯，由幼稚变得成熟，由感性变得理性。课堂思维逻辑缜密，教学本身就是一篇理性思辨的论述文，陈老师本人也是理性思辨的榜样。

可以说，陈老师的实践为我们提供了理性思辨教学的蓝本，笔者希望，我们的课堂多些这样的探索。如是，学生思维的提升有望，我们民族理性精神的回归有望。

新课标任务群七"实用性阅读与交流"解读与思考

"实用性阅读与交流"主要学习当代社会生活中的实用性语文，包括实用性文本的独立阅读与理解，以及日常社会生活需要的书面与口头的表达交流。其对学生丰富自己的生活经历和情感体验，提高阅读与表达交流的水平，增强适应社会、服务社会的能力，有着重要的意义。但从实际情况来看，这方面的表现令人忧虑，我们的教学任重而道远。下面试从课标、教材、现状、对策、核心任务五个方面阐述笔者对新课标的解读，原先教材在这方面的考虑与安排，教学现状，以及该方面课标落地的一些看法。

一、课标探源：各持彩练当空舞

怎样才算是学好语文？曾有专家认为，其实学好语文很简单，那就是能说一口流利的普通话，能够写得一手好文章，能够自如地与他人进行交流。从走出校门走向社会来说，这位专家的说法更合乎本质的要求。因为我们可以看到，现实中不少大学生不会写常见的应用文，说话不够流畅，不能简洁、准确地表达自己的思想。这样的人，即使高考语文成绩考到130分或者140分，又有何用处呢？

语文是基础学科，这种基础决定了语文不但具有应有的阅读、理解能力，更能会写会说，有很强的适应社会、服务社会的能力。这才是语文学习的应有之义。可以说，过去一段时间，我们的语文学习是跛足的，就适应社会而来，是有很大欠缺的。这其中最明显的就是当代社会生活中的实用性语文的学习，包括实用性文本的独立阅读与理解，以及日常社会生活需要的书

第三辑 课堂观察

面与口头的表达交流。有关调查数据表明，中美学生语言方面的差距主要表现在实用性阅读与交流上。

为了切实培养学生各方面的能力，新课标在实用性阅读与交流的学习方面突出以下三方面的特性。

1. 综合性

就学习的内容而言，实用性阅读与交流本来就包含了各方面的内容，如自然的、社会的、文化的、传统的；就学习方式而言，学生既需要学习知识，又需要亲身体验，学生要学会自主选择内容，深入研习，并对内容进行分析与研究；从学习媒介上而言，在传统媒介的基础上，可适当插入技术媒介，让技术更好地服务于学习；从课程资源而言，可以教材为本，适当扩展，实现课程整合，拓展学习空间。

2. 实践性

与一般的作品阅读不同，实用类阅读与交流的重心落在"实用"上，学生学习的目的是应用，所有的目标指向就是实践，学习演讲稿并非分析其妙处，而是能尝试着让这些艺术为我所用；调查、访谈的结果是得出结论，而并非出于好奇心；至于开幕词、闭幕词、欢迎词、欢送词、答谢词、祝贺词、祝酒词、祝寿词的学习，就是为了会写，更会说。所以，在学习过程中应引导学生学会多角度地观察社会生活，掌握各类当代社会实用文本的基本格式，善于学习并运用新的表达方式。

3. 活动性

教学以社会情境中的学生探究性学习活动为主，合理安排阅读、调查、讨论、写作、实践等活动。从社会走向课堂，从课堂讨论到生成，从领会到写作，从写作到实践，所有学习的开展都离不开"活动"二字，整个过程通过技术介入、课程开发、媒介跨越进行教学空间的无限拓宽，其过程是动态的，空间是延展的，这与传统的一般课文的学习有着本质的区别。

二、教材呈现：引得黄莺下柳条

无论是哪种教材，其对实用性阅读与交流的权重还是合理的，这从其编排体系中即可看出。从大的板块而言，无论是人教版，还是语文版，尽管名称有异，但本质相同，大致都分为两大类：阅读与鉴赏，以及表达与交流。

至于苏教版，则将"阅读与鉴赏"分解为"文本研习"与"问题探讨"，而"表达与交流"与苏教版中的"活动体验"也是大同小异。

从入选的篇目而言，实用性阅读与交流在教材中也有恰如其分的体现。

先来看语文版：课文《落日》《奥斯威辛没有什么新闻》《唐山大地震》与"探究性学习"《我看流行语》等属于新闻传媒类；课文"我思故我在"单元，"表达与交流"《口语交际：朗诵》与《口语交际：讨论》，"探究性学习"《广告语面面观》侧重社会交往；"科学是系统化了的知识"单元则属于知识性读物类。

再来看人教版："短新闻两篇"、《包身工》与《飞向太空的航程》属于新闻传媒类；《就任北京大学校长之演说》《我有一个梦想》《在马克思墓前的讲话》侧重社会交往；《成语：中华文化的微缩景观》《修辞无处不在》与《姓氏源流与文化寻根》当属知识性读物类；此外，必修四的三、四单元与"梳理探究"则是知识性读物与社会交往的融合。

苏教版与前两者稍显不同，其综合性强些，"向青春举杯"板块属于文学作品与实用性阅读与交流的综合，既有文学性，又有社会交往的明显特征；《落日》《图片二组》相对侧重新闻传媒类；《语言的演变》《汉字王国中的"人"》《咬文嚼字》《简笔与繁笔》等文章既有论述色彩，又有知识读物特征；同样，《美美与共》《麦当劳中的中国文化表达》也很难区分其是论说文，还是实用性阅读与交流。当然，有些文章的特征也是明显的，《我有一个梦想》《在马克思墓前的讲话》则同人教版一样，当属社会交往；走进语言现场板块的三个专题："在演讲厅""倾听""交锋时刻"，课文已明确其属于活动体验，则是典型的社会交往。而"科学之光"的三个专题——"探索与发现""奇异的自然""美丽的创作"也是典型的知识性读物。

三、教学现状：冗繁削尽留清瘦

那么，实用性阅读与交流的教学现状怎样呢？概括起来，有以下三种偏差。

1. 忽视

有人评论中国的教育往往是"理论上的巨人""实践上的矮子"，虽然这话有些过激，但并非空穴来风，有其现实原因。可以说，在文学、文化阅读这一方面，我们的教学还是花了很大工夫，师生在课堂上进行"庖丁解牛"式的分析，精雕细刻，成效明显。这是因为我们考试中的现代文阅读与文言文阅读的考查是实实在在的。

但对于那些偏向应用，基于实用性文章的阅读，尤其交流，我们花的时间少得可怜，我们的学生不会写作实用文，不懂得生活礼仪，不懂得日常用语，这些现象普遍存在。究其原因，这方面的内容在考试中体现甚少，或者没有体现。高校教授不无担忧地认为，长此以往，我们的学生不会调查，不懂研究，不会写作最基本的实用文。而用人单位对毕业生的"眼高手低"向来是颇有微词的。

可以说，我们在这一方面的内容基本处于空白状态，需要我们今后补上。

2. 敷衍

针对课程标准，各校都有相关的社会实践与社区服务之类的活动，按策划者设想，学生可以通过小组合作等形式与社会进行对接，通过一系列地实践、沟通、交流，撰写相关的总结与笔记，达到日常社会生活需要的书面与口头的表达交流的目的。

遗憾的是，这种形式的考核是"软"的，只要学生上交社会实践或社区服务的相关表格，上面有单位意见，盖有公章，学生都能获得相关学分，对升学的影响微乎其微。

于是，大部分学生都不想在这方面投入过多时间，其做法往往是自己填写，到时找个单位盖章了事。综观学生所交表格，以社区服务为例，排第一位的是打扫卫生，接下来依次是刊出黑板报、整理档案等，内容大同小异。

至于有没有做过，有没有实实在在地到所说的地方干满五天，每个人都是心照不宣。可以说，这项好的规定在学生那里基本上流于形式了，没有达到预期的目的。

3. 失衡

无论是教材、课堂，还是考试，实用性阅读与交流方面的语料还是不少的，但就其阅读与交流来说，其主要的样式——听、说、读、写之间也是不平衡的。就课堂而言，阅读多，交流少；就考试来说，侧重学生的阅读与书面表达，学生说与听的训练基本没有涉及。不可否认，这样的结果缘于书面测验可操作，而听与说的测试操作起来则相对困难之客观事实。

这种失衡的结果造成我们人才的培养是不全面的。综观中国学生，无论在校，还是走出校门，"敏于行而讷于言"的不在少数，加之电子产品的影响，我们的学生内向封闭型的多，外向开放型的少，学生由内而外都普遍缺少一种阳光的精神与面貌。可以说，中国式的教育培养的学生很少能够脱离讲稿，自如地表达自己观点的。而就现代社会而言，沟通是必不可少的。唯其如此，从人的全面培养来说，这种失衡之于我们的教育不能不说是一种致命缺陷。

四、应对策略：虎有爪兮牛有角

如何让师生在这方面来一番彻底的改变？笔者以为，以下两方面的工作必不可少。

1. 制度保障

实用性阅读与交流的考核在传统的考核体系中基本未能涉及，最多出现在高考试题中的语言表达板块作为改错题的语料，或者是实用文之类的填空，分值很低，在教学中未引起足够重视。教师教学即使涉及，也是重书面表达，是静态的，其综合性、实践性、活动性的特征根本未得到重视，学生应具备的实用性语文素养根本未得到全方位的培养。

对于中学教学而言，考试永远是指挥棒。笔者以为，这方面的考查一方面在试卷中可作为规定性，必须有一定的体现；另一方面，无论是社区服务，还是社会实践，学生均有综合性、实践性、活动性体现的记录，有相关的报告，可适当做论文答辩式的考查。英语听力这样费时费财的考试我们都组织得起，那么，对于这方面的考查，只要教育部门引起足够的重视，操作起来，其难度应该不大。

除了考试与考查，无论是寒暑假，还是平时的教学，这方面的活动应该贯穿始终，我们可根据教材加以细化。只有从制度上做保障，我们有理由相信，学生这方面能力的提高也是指日可待的。

2. 方法指导

按新课标要求，实用性阅读与交流的学业要求是在参与当代社会生活的过程中，学习适当的阅读与交流方式，丰富生活经历和情感体验，学会多

第三辑　课堂观察

角度地观察社会生活，掌握各类当代社会实用文本基本格式及其差异，善于学习并运用新的表达方式，提高适应社会、服务社会的能力。秉承这样的要旨，我们认为，应着重在以下四方面展开工作。

（1）阅读方法指导。要求学生能够根据教师的指导，灵活运用精读、略读、浏览等阅读方法，从整体上把握不同类型实用性文本的内容，厘清思路，概括要点，理解文本所表达的思想、观点。学习探究性阅读，善于发现问题、提出问题，对文本能做出自己的分析、判断、评价和质疑。

（2）表达方法指导。要求学生能够总体把握实用性社会交流语体的特点，以负责的态度，书面或口头陈述自己的看法，做到真实准确、真实得体、观点鲜明、思路清晰、简洁明了，力求有说服力和感染力。

（3）相关注意事项。要求学生能够根据不同的交际场合和交际目的，恰当地进行表达。在口语交际中树立自信，尊重他人，说话文明，仪态大方，善于倾听，敏捷应对。借助语调和语气、表情和手势，增强口语交际的效果。在面向社会大众演讲时，有对象意识，鲜明生动，明白易懂，力求有个性、有风度。

（4）技术媒介指导。新课标重视课程资源的开发与生成，师生均是课堂的主人，既可以拓展课程资源，本身也是学习的资源。为了让课程资源得到最大限度开发，让课堂教学在合作、活动、探究之中完成，教师可以进行跨媒介指导、新技术指导，让整个课堂实现多维拓展、厚实灵动、动态有序，让每位学生都得到多元的发展，以适应这个不断发展变化的社会。

当然，所有的指导并非独立展开，而可以是在学生具体的活动中穿插完成，以不改变活动设计的实践性、综合性为前提。

试述新课标核心素养之思维在写作中的体现

——以浙江卷近年命题为例

作为新课改新高考的先行者，浙江省的作文命题与阅卷也是全国作文改革的风向标。这一点可追溯到浙江2015年作文题：论述作品的格调趣味与作者人品的关系。在阅卷环节，命题专家组向阅卷教师阐述了命题的三种倾向。

（1）考查考生的基本论证能力，这种论证并非要求完全学术化，走高端化道路，而是能写大纲规定的论述类文章。

（2）引导学生注重理性思辨能力。最近十年，偏感性的文章走到极端，而原先强调的真情实感的评判对阅卷教师而言也是个困难。强调理性在一定程度上排除了感性色彩与主观性，而限定了这种偏向理性条件的作文，与考场作文的内涵——螺蛳壳里做道场的倾向是一致的。这种通过虚拟情境的设置让考生分析现象背后的逻辑，更能见出考生在作文时的逻辑能力与思辨性。

（3）更能考查考生阅读的广度与深度，借以引导中学作文教学，能有效地扭转目前存在的三大弊端：

一是文体杂糅，由于一段时期的文体自选，致使不少学生到大学、社会后所写的作文完全无用，最基本的论述类文章根本不会写。所谓的"秋雨体""于丹体"则大行其道，而那些心灵鸡汤式的文章，对学生的成长来说，并非必须。相反地，对于理性与思辨能力，考生终生有用。

二是不要将精力放在所谓的采点上，而是应更多地放在更宽泛的表达能力，主要是论证、分析、演绎等能力上。

三是材料是否平庸无所谓，关键是看如何分析，就好像眼前有一堆积木，最关键的是怎么搭配这些积木。

为此，专家组倡导，我们在作文中要养成一种理性思维的习惯，让自己逐步进行归纳、演绎、对比、分析、推理，形成一种独特的论述范式，一步步引领阅读者进入到自己的文章，与之进行沟通、交流，进而读出其丰富的思想，让思维走向清晰、缜密。为了突出这种导向，专家组提出了更高要求：不仅审题准确，还应该在这个基础上有自己对题意的理解和生发，论证有层次感，对问题的理解有深度。写作的本质是思维训练，显然，这种导向与新课标中将思维列为四大核心素养的内在要求是一致的。

如何理解这一要求？笔者试着从题目的理解上做些说明。

命题者提供的材料包含了这样两对关系：作品的格调趣味与作者人品应该是一致的；作品的格调趣味与作者人品是相背离的。如何往前再走一步，做进一步的生发，以体现理解的深度？

笔者以为，人品与文品分属道德和美学两个不同范畴的概念，它们之间并没有必然的联系。两者之间还可能存在如下关系。

一是艺术来源于生活，又高于生活，高于现实。

二是艺术家为了美化自己，给自己立贞节牌坊，故意作伪。

三是个人的成长、环境的变化、思想的转变导致艺术家格调的变化，典型的例子是汪精卫。在辛亥革命时期，汪精卫奋然刺杀清摄政王，失败之后，以"引刀成一快，不负少年头"的悲壮情怀在历史上留下了光彩夺目的一页。然而，在日寇大举侵华、中华民族面临亡国灭种的危急关头，汪精卫却觍颜事敌、卖国求荣。显然，汪精卫的悲壮不是装的，只是时间的推移让他的人格发生了变化，但我们不能否认"引刀成一快，不负少年头"文品的格调。

四是受一些大环境的影响，如齐梁间宫廷诗风对当时文人的影响、北宋初期西昆体对当时文人的影响。

再来看2016年的作文情况。

该年作文材料分为三部分内容：虚拟现实的现状、虚拟现实的前景、对虚拟现实的态度。其中，前两部分是引出，第三部分是写作指向，命题给出了三种答案：拥抱虚拟现实、刻意远离虚拟现实、与虚拟现实保持适当距离。考生可以选择其中一个观点展开。

2015年的高分作文传开后，不少考生知道了要辩证地看问题。所以，在

2016年的作文中，考生都能正确看待虚拟与现实的关系，他们认为，对待两者不能简单地肯定一方或否定一方。但对作文大组提出的"生发""再走一步"问题能做恰如其分引申的并不多。实际上，不管虚拟现实怎样，都是技术层面的，在人与技术之间，人应该是主体，技术是为人服务的，而不是颠倒过来，人为技术所役。正如满分卷《现实一种》所论述的：

而真正所应做的，不是舍弃一方追求一方，而是让VR回归到一种工具本身，它的存在，只是提供了一种可能。它的存在，是生活的另一方面，是现实的另一方面。虚拟，源于现实，是现实的需要，也是现实一种。我们需要用海绵自主地擦掉虚拟与现实的界线，让虚拟完善现实，成为一种现实。

这种对思维的关注在2017年的省统测卷中得到了强化，我们不妨看一下他们提供的样题。

阅读下面文字，根据要求作文。（60分）

随着时代的发展，人们的生活方式也日趋多元化。有的人喜欢追逐新潮，看电子书、享受手机和网络的便利、穿有破洞的牛仔裤、吃饭AA制；也有的人偏爱信守旧习，以纸笔写作、听昆曲京剧、着汉服唐装、讲究传统礼仪；更多的人喜新而不厌旧，兼融新潮和传统。当然还有人认为，本质上人们其实是无法选择的……

对此，你的观点是什么？请写一篇论述类文章加以阐明。

注意：①题目自拟。②不得少于800字。③不得抄袭、套作。

显然，作文题更着眼于现实，更注重学生思维的厚度与深度，我们要避免的是"思维在平面上滑翔"。下面笔者试着就思维如何"生发"与"有深度"做些解读。

从静态的角度来看，传统的东西经过了历史的大浪淘沙，它们能够保存下来，显然有其自身价值。如果一味抛弃，只会割断我们与传统文化的精神维系，产生一种虚无感，最终使自己的内心变得苍白，缺少一种坚定与厚实。因为谁也不能抓着自己的头发离开地球。但同时，一味地抱着传统的大腿不放，一味钻进故纸堆，只会让我们变得迂腐，让我们的思想变得保守。

而新潮的事物往往顺应时代潮流而生，体现了其强大的生命力。尤其一些技术方面的新生事物，给我们的生活提供了无限的可能与便利，为我们的发展提供了更宽广的平台。但新事物的缺陷在于：一是没有经过时间的经

第三辑 课堂观察

验，可能是一阵风过后，没留下任何有用的东西；二是一些技术层面的事物容易让人深陷其中，不能自拔，人为物所役；三是一些外来的东西，很多只是时髦，并非适用我们自己。但如果一概舍弃新潮的话，我们就会被时代潮流所淘汰，跟不上世界前进的脚步。应该说，最好的办法是新旧兼融，扎根传统，悦纳新潮，学会取其精华，弃其糟粕。

以上只是一些静态的分析，如果从动态的角度观照，我们对题意的理解会更进一步。实际上，新旧的东西不是一成不变的。无论是怎样的新潮事物，往往与传统事物有着千丝万缕的联系。因为没有什么东西是从天上掉下来的，即使是外来的事物，也需融入我们的社会，跟一些传统的物件沾上一点色彩，以实现"中国化"。此其一。

其二，一些在我们看来是传统的物件，换一个人，换一种眼光，可能是新潮的，比如，在不少外国人看来，我们的旗袍就是一种新潮的服饰。

其三，传统与新潮并非一成不变的，一些传统经过一些推陈出新的工作，或者经过一些名人的推崇，在某个特定的情境也可以变为新潮。比如，最近几年的国学热、唐装热在一些地方极其流行，实现了华丽转身，变成了新潮。

这样理解题意是不是最深刻了？如果再结合材料的最后一句"当然还有人认为，本质上人们其实是无法选择的"，笔者认为，至少还有两个维度可引起我们思考。

维度一：时代潮流

"本质上无法选择"的背后是时代潮流如飓风一般，我们每个人都被风裹挟、打扰、身不由己，我们不自觉地在海量信息中迷失了自己。这实际上说的是我们这个时代的特点。当下是个传统媒体与新媒体共存的时代，由于运营载体丰富、新闻传播速度快、受众群体广，社会传媒出现了截然有别于传统媒体的特征。这种特征主要表现为以下几方面。

（1）发布的自主性。每个人都可以自主编辑、发布新闻，而不受时间、地点的限制。

（2）话题的交互性。公众可以对别人的新闻进行点赞、评论、转发，甚至加以修改。

（3）传播的快捷性。发表的话题不需审核、编辑，具有即时的特点，可以在短时间内迅速流传于各个社会圈，并在各自的圈子中快速扩散。

（4）载体的灵活性。新媒体发表的阵地通常借助博客、微博、QQ、微信等实现，只要手中有一部手机、一台手提电脑、一部iPad等，每个人都可参与讨论与传播。

（5）受众的广泛性。社会中的每个人只要具备一定的知识与最基本的电子运用技术，便都可以获得相关的新闻与评论。

在这样的社会生态中，人们稍不注意，便往往会被别人的思考牵着鼻子走。若想"身由己""本质上做到自我选择"，我们需具备以下两种本领。

一是思辨。思辨意为"思考，辨析"，是指通过自己的生活经验与社会阅历，思考、辨别、分析新闻，不轻信，不盲从，在潮流中不迷失。

二是理性。所谓理性，是指判断、推理的思想活动，一般是指我们形成概念、进行判断、分析、综合、比较、计算等方面的能力。与感性相对，其本质是否定与怀疑。

而这些正是合格的现代公民所必需的。

维度二：思维体系

从这次学生答卷情况来看，能对题意做自己生发的不多，这背后暴露出的是思维的严重不足。思维即思想的维度。无论是心理、情感、态度、价值观、习惯、方法、学业成绩、能力、素养，其背后的总根源都是思维方式。人类的困境恰恰在于多数人都无法有效认知自己的思维，更无法有效控制自己的思维，因为思维具有无序性、随机性。

所以，我们需要给予学生充分展示思维的时空，帮助学生打开思维的显微镜与望远镜。我们要善于发现学生思维顺序背后的逻辑并加以引导，让学生克服不良习惯，建立相对完整的思维顺序。我们要引导学生发现自己的思维指向定势，不断增加新的着力点和兴趣点。我们还要善于发现触发学生思维的元素，并不断运用和更新它们，让学生完成由无序—模仿构序—自主建序的过程。唯有如此，我们才能让自己的作文具有开阔的视野、深刻的立意、新颖的视角，在新高考中立于不败之地。

第四辑

写作园地

04

深处种菱浅种稻

——例谈论述文写作中思维意识的培养

作文的本质是思维训练。特级教师郭吉成曾言，作文的过程说到底是完成由积累到表达任务的过程，其核心要素是思维。确实，我们在写作中需要多些思辨意识，对事物的认识不能简单地停留在"好"与"不好"的浅层次上；写作中要多些逻辑意识，不能将论述文生硬地视作以论据证明观点的过程，而是要注重思维的推进。

那么，什么是思维？简而言之，思维即思想的维度。

那么，在学生的思维发展上，教师应起到怎样的作用？笔者试举2015年浙江省高考作文题，借以分析论述文写作中思维的演绎过程。

阅读下面的文字，根据要求作文。

古人说"言为心声""文如其人"。性情褊急则为文局促，品性澄淡则下笔悠远。这意味着作品的格调趣味与作者的人品应该是一致的。

金代元好问《论诗绝句》却认为"心画心声总失真，文章宁复见为人"。艺术家笔下的高雅不能证明其为人的脱俗。这意味着作品的格调趣味与作者人品有可能是背离的。

对此你有什么看法？写一篇文章阐明你的观点。

注意：①题目自拟，观点自定。②明确文体，不得写成诗歌。③不得少于800字。④不得抄袭、套作。

作文命题对观点并无或正或反的限定，考生只要就作品与人品的关系阐明自己的观点即可。从考生作文中的思维品质与思维方法而言，学生无论是构思，还是表达，都是令人担忧的。当务之急是需要给学生一个初步的序列，让学生完成无序—模仿构序—自主建序的过程。

笔者以为，此题的思维可从以下三个层面展开。

第一层面：思维的广度

主要从以下几个维度突破：时间、空间、领域。

1. 时间维度，是指突破时间，从古今角度找突破

例如：

（1）潘岳《闲居赋》行文流畅从容，笔调清淡高远，在生活中，他依附巴结权贵，大官贾谧出门，他竟跪于道上，望尘而拜。

（2）明阮大铖阿附魏忠贤，是奸党，可是他的《咏怀堂诗集》有模仿陶渊明的《园居诗》，自比正人。

（3）明朝的奸相严嵩陷害正人，可是他的《钤山堂集》却自称"晚节冰霜"，说了假话。

（4）元稹曾把自己的爱情经历写成《会真记》。

（5）汪精卫诗句"引刀成一快，不负少年头"充满了悲壮情怀，但在现实中，他却觍颜事敌、卖国求荣。

2. 空间维度，是指突破地域，从中外角度找突破

例如：

（1）海伦·凯勒有颗不屈与渴望光明的心，其笔下写出了"像明天就要死去那样活着"的文字。

（2）福柯的《疯癫与文明》以纯真之心写"失落天真"。

（3）波伊提乌斯在被执行死刑前被困于逼仄的牢狱中，以自己对真理、对秩序的追寻与探索创作出了不朽巨著《哲学的慰藉》。

（4）格拉斯自述散文集《洋葱集》对自己的人生做了沉重而恳切的自省。

（5）莎士比亚创作了《威尼斯商人》，无情地鞭笞了缺乏道义者，但在现实中，他敛钱如命，甚至发放高利贷敛资，更因有一家人无法如期还清财物而气急败坏、对簿公堂。

3. 领域维度，是指从社会的各个领域来突破

文题中的作品是指艺术家的作品，可以是文学、绘画、雕塑、建筑、书法、音乐、影视、音像等涉及精神产品的，都算是作品的范畴，考生均可涉及。

第二层面：思维的深度

常见的有这样几种体现深度的思维：求异思维、求新思维、辩证思维、批判思维。

1. 求异思维

以满分作文《且以作品论英雄》的其中一段为例：

既然作品的格调趣味与作者人品未必挂钩，那又何必纠结其人品如何？人类的文明本身就是宽容的，它看重作品本身。所谓"文以载道"，作品之"道"，为其根本。我们不妨说，如果一部作品传递了人品的真善美，读之令人动容、发人深省，那它就已经达到了"作品"所应达到的目的，至于作者本人如何——你无法从作品中推知的情况是可能发生的——并不在对作品的考虑范围之内。作者或许依靠作品而不朽，但文学史最终告诉我们，它保存的，是"不朽的作品"，不是"不朽的文人"。

作者没有纠缠于作品与人品是一致的，还是背离的，而是独辟蹊径展开论述：因为人品是无法从作品中审知的，而有时候知人论世也是无法窥知全貌的，文学史上流传下来的作品，是因为作品本身。所以，我们不妨以作品论英雄。这种独到之见，发人之所未发，说到了认识的本质，确实是求异思维的典范之作。

2. 求新思维

如满分作文《笔下的真实与真心》一文，作者于文学殿堂之中撷取名家名著，沉潜含玩，钩沉觉隐，读出了令人耳目一新的思想。读海明威，作者读出了翻涌的温柔与热烈；读加莱亚诺，既读出了作者作为一名战斗者的倔强、顽强、勇毅，又读出了其作品的温度；读木心先生的《从前慢》，读出了其清明的心境与追求；读杨绛，读出了纯粹、坚韧……

3. 辩证思维

不妨来看满分作文《心显于行》中的一段文字。

也有人说："心画心声总失真，文章宁复见为人。"这种情况当然也是存在的。如若观一人之一字便能品出其人之心无异是片面之言，过于武断而成无稽之谈。像与一个人相处许久，尚难知其本心，更何况只见其留下的只言片语？但大量的作品中，再怎么工于心计的人也会露出些许端倪，无论心慈面善之作者写出多少激进的文字，他人终会了解其温文尔雅之可爱。就像品读一些文章，乍看如一瞥惊鸿，再读却带些重复弄章，三看便意兴索然，感觉出矫揉造作了。多像其人生：未晓他的人眼见其风光无限，了解他的人对其减去许多追棒，知晓其背景的人一定不会对那些文字有十分好感。所以人们总会说："作品的格调与作者人品应该是一致的。"

从片面之言到大量作品，作者层层推进，将人品与作品的关系阐述得到位，辩证，让人无法辩驳，很好地显示了思维的力量。

4. 批判思维

以满分作文《似曾相识燕归来》中的一段文字为例。

所以，无论是作家还是平凡人，一旦拿着笔写下字，就相当于把自己的思维、人格的一部分展现出来，而历史洪流可以湮没人的生理性存在，却永远无法改变人的思想存在，那么文字便是传递思考与精神的最好载体，即使手稿丢失，复本重印，一个人留在文章中深层次的精华却会在时间的积淀下长盛不衰。哪怕他故意戏弄人世，隐藏自我，句式可以转换，语气可能颠覆，但墨字中埋藏的个性和独有的特点总会在不经意间表露出来，值得我们玩味深思。或许我们可以这样想，大师大多在时间上离我们遥远，如果没有这些可以彰显其风骨的经典之作，他们又怎能令我们无端钦慕？"似曾相识"的绝不只是表达方式，而包括一个人的血的烙印，思想的高度，思考的方式及其独特的"掌纹"。

针对大多数论者认为人品无法察知的公论，作者从现代刑侦理论中"凭笔迹辨人"切入，认为一个人再怎么隐藏、伪装，流在身体中的血脉是不变的，文章纵有千万般隐匿修饰，字里行间总是风流个性，不可抑制。这种批判性的观点振聋发聩，引人深思。

第三层面：思维的密度（即严密性）

主要从以下几个维度展开。

方法：因果思维、对比思维、假设思维。

思路：形成对作品与人品背离的由表及里的追问，如这种范式：现象—本质—意义—危害—根源—对策（态度）。

语言：关注关联词，以及过渡衔接句。

第四辑 写作园地

逻辑：注意逻辑链。

我们不妨以一段满分文段的标注为例说明一下思维的密度。

我们很容易理解"言为心声"，也即作品反映其人品（观点）。所谓"郁结乎心而发乎声"，作品本身定然有着作者个人人品的渗透（解释观点）。引美学家蒋勋之言："杜甫的'朱门酒肉臭，路有冻死骨'，之所以成为千古绝句，我认为不是诗歌上的技巧，而是诗人心灵上动人的东西（举例：正面分析）。同样是一堆白骨，很多人走过去了，却没有看见（反面分析）"。试想，若是杜甫没有忧国忧民之心，又何来发自肺腑之言（假设论证）？伟大的心灵，投影在文学上，依然是伟大的作品，是高尚的品性。（结论）

这种思维显然突破了事例+结论的肤浅论述，思维是动态推进的，语言注意前勾后连，浑合无迹，显示了思维的严密性，这些正是我们需要提升的地方。

相对于知识、方法的传授，思维的培养属于高级的能力范畴。逻辑学上思维的内容也要复杂得多，包括思维关系、思维品质、思维过程、思维技法、思维方式等，但对于中学生，只要掌握初步的知识即可，专业的知识可以到专门的大专院校里根据需要进行深造。

论述文写作思维品质提升刍议

一

自21世纪初以来，作为承担思维训练重任的写作教学在思维训练方面基本上是一片空白。这里面有命题的原因：自1999年出现话题作文以来，不少高中生都热衷写作阅卷教师偏好的所谓的"文化作文"，其特点是夹叙夹议，叙议自由，适当穿插描写、抒情，语言浮华，文学味儿十足。久而久之，高中生逐渐远离了客观、冷静、理性的思考和表达，很多高中生甚至不知道议论文究竟为何物。命题与阅卷的喜好带动了作文教学的转向，许多高中教师的课堂已经不教文体了，他们的经验是让学生练习"随笔"，一种不需要过多理性、也无须逻辑思维的写作。

北大中文系副主任漆永祥，一位参加北京卷与全国卷作文阅卷二十多年的教师。他曾多次指出，不少学生的作文在程式化、模板化的"套子里"钻来钻去。他总结出高考作文的15类"恶习"，其中的赌咒发誓体、空言泛语体、龙头凤尾体、排山倒海体等都是缺乏思索，思维缺乏深入的表现。

从浙江高考作文来看，由于思维的缺失，学生作文中普遍表现出两种倾向：一是散文化，议论中出现了大量以叙代议的现象；二是文体的模糊，其表现是思考不理性，作文缺少逻辑链，论述重结果、轻思维过程。对于这些作文，浙江高考作文阅卷组长陈建新称之为"文字忸怩作态、结构平面化的作文"。

再从现实层面进行考察。当下是个传统媒体与新媒体共存的时代，由于运营载体丰富、新闻传播速度快、受众群体广，社会传媒出现了截然有别于传统媒体的特征，这就是虚拟世界的强势崛起。由于虚拟世界与真实世界同为新闻的阵地，因此谎言与真理往往并存。在这样的社会生态中，人们稍不注意，便会被别人的思考牵着鼻子走。若想在这样的社会中保持清醒的头脑，必须具备理性思维，我们需要通过自己的生活经验与社会阅历，思考、辨别、分析新闻，不轻信，不盲从，读出其背后的真相。

二

何谓理性思维？所谓理性，是指判断、推理的思想活动，一般是指我们形成概念、进行判断、分析、综合、比较、计算等方面的能力。与感性相对，其本质是否定与怀疑，而这些正是合格的现代公民所必需的。

那么，对论述文写作思维的探讨该从何处下手？笔者以为，可从以下层面展开。

1. 思维种类

钱学森曾把思维学分成三个部分：形象思维、逻辑思维以及在两者基础上的创造思维。此外，他还提出过社会思维——人的思维是历史文化积淀的集体无意识的反映。具体而言，形象思维即人的审美思维，追求直观、生动；逻辑思维即人的理性思维，追求严谨、深刻；创造思维即人的灵感思维，追求新颖、独特；而社会思维即人的集体思维，追求互动、协调。单就文体而论，记叙文、抒情散文等更多体现为形象思维，讲究意象；议论文、说明文等更多体现为逻辑思维，讲究条理；科幻小说、故事新编等更多体现为创造思维，讲究新奇；应用文更多体现为社会思维，讲究实用。就论述文写作而言，我们重点要研究的是逻辑思维与创造思维。

逻辑思维是指借助概念、判断、推理来阐明事实原委和事物原理的思维方式，也称抽象思维或理性思维，逻辑思维的目的在于揭示事物的一般本质，运用演绎推理和归纳推论是其主要特征。包括知性思维、辩证思维、批判思维。

创造思维是与重复性、再现性、常规性思维相对应的思维方式，又称创新思维，它有两大标准：一是思维过程无现成规律、方法可循；二是思维结果是前所未有的。包括直觉思维、灵感思维、整合思维。

2. 思维方式

思维方式具有基本的因果链条：生活经验—思想方式—价值取向—行动方向—思行后果。困扰学生思维方式发展的是人类在思维上有一种定势。

所谓思维定势，是指在特定情境下具有一定稳定性的思维指向的序列，思维具有相对固定的范围、程度、顺序、指向、节奏、速度，其核心是看待事物的角度和自己的立场。就制约写作角度而言，这种定势包括以下三方面。

思维范围定势，是指人面对事物，所想的内容往往范围有限。因为世界永远且远远比我们想象的要复杂得多，我们的感官往往又囿于自己的成见。

思维顺序定势，是指在特定的条件下，我们先想到什么，后想到什么。我们的脑子里往往有一种牢不可破的定势。

思维指向定势，是指思维的着力点、兴趣点方面的定势，如学生在遇到不同学习情境、学习文本时往往有不同的反应。

心理学研究认为，思维方式随着境遇、心态的不同而会发生一定变化。我们教师所能做的就是针对思维的三种常见定势，不停地扩大思维范围，要有对事物的无限延伸的理解与表达。我们需要给予学生充分展示思维的时空，帮助学生打开思维的显微镜与望远镜。我们要善于发现学生思维顺序背后的逻辑并加以引导，让学生克服不良习惯，建立相对完整的思维顺序。我们要引导学生发现自己的思维指向定势，不断增加新的着力点和兴趣点。我们还要善于发现触发学生思维的元素，并不断运用和更新它们。

3. 思维技法

对于高中生来说，常用的思维技法有以下几种。

第一，比喻的思维。指的是性质上相似的事物形成的思维活动。如由莲花想到出淤泥而不染，由梅花想到坚贞，由茶香想到高雅洁净，等等。

第二，对比的思维。是指事物之间不同特点形成的思维活动。如由苦想到甜，由黑想到白，由愤怒想到高兴，等等。这种联想往往是就一种事物或两种事物的两个方面进行对比，以突出所表现事物的性质、特点等。

第三，因果的思维。这种思维主要通过因果思维互推，即由原因想到结果，或由结果想到原因的思维方法。古诗"问渠哪得清如许？为有源头活水来""不畏浮云遮望眼，只缘身在最高层"都是这种思维运用的典型。

第四，假设的思维。这种思维即根据已有的事物和经验假定和设想可能

第四辑 写作园地

发生的事。运用这种思维可使论述或说明的道理更加深入。

4. 思维过程

这部分主要探索如何帮助学生展开思维。就写作来说，我们认为需要从三个度展开：一是广度；二是深度；三是密度。

第一，广度层面，主要引导学生从以下几个维度突破：时间、空间、领域、行业。时间维度是指突破时间，从古今角度找突破；空间维度是指突破地域，从中外角度找突破；领域维度是指从社会的各个领域来突破，如政治、经济、思想、文学、史学、哲学、宗教、雕塑、建筑、音乐、美术、文化等；行业维度是指从社会的各种行业来突破，如医药、卫生、教育、科技、工匠、法律、金融、食品、安全、外交、公安、检察、交通、海关、工商、行政、管理等。

第二，深度层面，主要引导学生认识常见的两种体现深度的思维：求异思维、求新思维。

第三，密度（即严密性）层面，主要引导学生从以下两个维度展开。

思路维度：形成对问题由表及里的追问，如这种范式：现象—本质—意义—危害—根源—对策（态度）。

语言维度：关注关联词，以及过渡衔接句。

5. 思维品质

思维品质的好坏是一个综合的评判，包含了思维的方式、思维的技法、思维的范式等，以思维范式为例，包含了归纳、演绎、类比、对比、因果、比喻、归谬等的运用。

就具体研究而言，可以结合常见的论述文体例展开，常见论述文体例主要有如下样式：①一般性议论文；②议论性散文；③议论性随笔；④新闻评论；⑤时政评论；⑥文学评论；⑦人物评论；⑧影视评论；⑨读后感；⑩观后感；⑪杂文；⑫演讲稿；⑬辩论辞；⑭研究性小论文。

就切入点来看，具体还可细化，如常见角度有：论述类文章怎样做到观点明确、论述类文章怎样做到见解新颖、论述类文章怎样做到立意深刻、论述类文章怎样做到使用论据、论述类文章怎样做到说理透彻、论述类文章怎样做到思辨有力，等等。

三

从目前高中生的写作现状来看，很多学生不会说理，本质是思维出了些问题，如果任这种思维能力一直缺失，对人的发展极为不利。只有进行必要的思维指导与训练，我们所需要的思考的深刻性、灵活性、敏捷性、批判性、独创性才有可能实现。

以上文提到的思维的广度为例，时间、空间、行业、领域的思维划分可以唤起学生对素材的记忆，使学生养成梳理的习惯，对培养学生的基本思维能起到很好的作用，如素材的积累，我们在实践中引导学生这样梳理素材：

热点思维导图：素材的分类积累示例如图4-1所示。

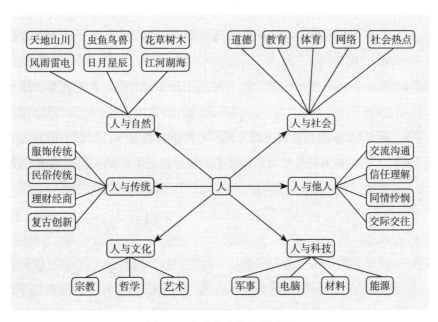

图4-1　素材的分类积累示例

可以说，高中生读了十多年的书，看过的文字材料不下300万，但为什么许多学生在作文时，往往感到"无米下锅"呢？关键是不懂得理顺思维，养成画思维导图的习惯。上述的示范方式能很好地引领学生解决写作素材的问题。

我们认为，就高中生论述文写作而言，思维最需解决好广度、深度与密度的问题，广度让我们的视野走向开阔，深度让我们的思考走向深刻，密度让我们的思维走向严密。三个层面架起了思维的三个维度。

写作有两大支点：一是思维；二是语言。写作的本质是思维训练，思维体现了一个人思考的维度，而语言则是思维的外化。语言与思维互为表里，相互依存，相辅相成。没有思维，语言将会变成无源之水，无本之木；没有语言，思维将无法显现，说不清，道不明。可以说，抓住思维研究论述文就等于抓住了写作的"牛鼻子"。

参考文献：

［1］陈建新，胡勤.论述类文章精选评选［M］.杭州：浙江教育出版社，2016.

［2］董毓.批判性思维原理和方法［M］.北京：高等教育出版社，2010.

［3］郭吉成.新课标高中论述文写作指导［M］.杭州：浙江教育出版社，2017.

［4］王正，洪方煜.写作思维飞天鹤［M］.杭州：浙江教育出版社，2005.

［5］洪方煜.春潮带雨晚来急［J］.高中语文教与学，2015（10）.

［6］洪方煜.高考作文中的浙江元素刍议［J］.语文教学研究，2017（3）.

材料作文审题方法例谈

综观近年全国或各地高考作文，其命题理念基本趋向一致：从命题形式上看，大都是材料作文（或称新材料作文，以区别于以前的材料作文），大致上分为材料、引题、要求几部分；从文体要求上看，大多要求写论述类文章，以考察学生的理性思维能力；从命题内涵上看，都注重时代与文化特色；从能力层级上看，大多入题容易，注重学生思辨能力与写作基本功的考察。

当然，这里的入题容易并非说不需审题；相反，一些看似简单的题目，审题也是非常重要的一个环节，它关系到作文是否离题、立意等级等诸要素，是决定作文分数的第一要素。那么，如何在紧张的时间内完成快速的审题？下面笔者结合一些典型试题，总结一下材料作文常见的审题方法。

一、结构分析法

所谓结构分析法，指的是分析作文材料的结构层次，归纳每一层次的意思，整合成一个中心意思，写作时围绕此中心展开即可。

示例：

阅读下面文字，根据要求作文。

浙江大地，历史上孕育过务实、知行合一、经世致用等思想，今天又形成了"干在实处、走在前列、勇立潮头"的浙江精神。

在与时俱进的浙江文化滋养下，代代浙江人书写了一个又一个浙江故事，创造了一个又一个浙江传奇。

作为浙江学子，站在人生新起点，你有怎样的体验和思考？结合上述材料，写一篇文章。

注意：①角度自选，立意自定，题目自拟。②明确文体，不得写成诗歌。③不得少于800字。④不得抄袭、套作。

这是2018年浙江省高考作文，据阅读教师统计，这是近十年浙江高考作文平均得分最低的一年，究其原因，是考生审题不仔细所致。

除去注意事项，材料主体有两段话：第一段说的是浙江精神的历史与今天。在历史上，浙江孕育了务实、知行合一、经世致用等思想；今天，浙江形成了"干在实处、走在前列、勇立潮头"的浙江精神；站在新起点，我们需要对浙江精神进行重新的思考。显然，浙江精神有着传承关系，主要继承的是务实，而随着时代的发展，衍生的是"前列""潮头"。

第二段说的是浙江文化与浙江故事、浙江传奇的关系，两者是滋养与被滋养的关系。这里还有一个陷阱：第一段说的是浙江精神，第二段的起点却是浙江文化。实际上，浙江文化为里，浙江精神为表，两者是内涵与载体，内在与表象的关系。

综合这两段意思，判定文章是否扣题的依据有三：一是能否紧紧围绕着"浙江精神"展开，很好地阐释"浙江精神"；二是文中使用的材料是否是浙江故事、浙江传奇和浙江人物；三是作文有没有体现考生的体验和思考。换言之，只要是站在新时代，思考浙江精神与我们人生关系的文章，都是完合扣题的文章。当然，这背后隐藏着历史与现实、内在与外在、时代与个人三对哲学关系。如果能关注到这些，我们的作文得分决不会差到哪里去。

二、因果分析法

所谓因果分析法，指的是利用事物发展变化的因果关系进行由果溯因或由因及果的分析，透过现象深入本质，揭示事物内在的因果关系，使自己的观点产生预测或启发作用。

示例：

阅读下面的文字，根据要求作文。

材料一：秃鹫是自然界中移动效率最高的动物，它以一种类似于滑翔机的移动方式，不用消耗能量，借助热气流，展开翅膀升腾到空中；一旦发现有残羹冷炙，它就迅速地像自由落体一样毫不费力地往下掉，到接近地面的时候张开翅膀，安全地到达目的地。

秃鹫的移动效率高，一方面是因为它能够克服地心引力，另一方面也因为它有重量能够保持一种方向感，而不至于像羽毛一样被风裹挟、打扰，身不由己。

材料二：每天都有新的信息，每时每刻每秒都有新的信息。随着信息世界的到来，我们不再需要守着电视看"新闻联播""新闻30分"之类的节目，轻轻松松就可以自由地从手机平板中了解到各种信息。可当大量的信息像潮水一样涌来，我们难以选择，结果当潮水退去的时候，发现我们其实一无所得。这个时候有的恰恰不是自由感，而是不由自主。

针对上面的材料，你有怎样的思考？写一篇论述类文章。

要求：①角度自选，立意自定。②标题自拟。③不得少于800字。④不得抄袭，套作。

这是2017年"9+1"联盟最后一次调研作文卷。该联盟集中了浙江省十所一流强校，遗憾的是，那次作文，得分50分以上的仅数十人，55分以上的仅数人，这是该联盟历次考试中很少见到的情况，原因是很多学生折在了审题上。

这里有两个材料：材料一说的是秃鹫，它之所以由自我掌控，自我做主，在于其能克服外界的干扰，自身有重量。这是自然界的。材料二说的是在信息社会里，我们可以轻松了解各种信息，但我们可能会被海量信息裹挟，难以抉择，不能自我掌控，自我做主。这是人类社会的。

两则材料，一自然，一社会；一正面，一反面，是互相阐发、互相补充的关系。再由果溯因深入分析，其背后蕴含的意思是：我们需要克服外界的干扰，要有自身的重量，尤其在信息社会，我们要有理性的思考与判断，才能自主掌控方向，得到真正的自由。如下所示：

克服　重量　身由己（有方向感）　　　目标（自由）

打扰　裹挟　身不由己（无方向感）　　偏离目标（不自由）

明了上述情况，我们算是基本审清题意，能保证自己的作文不算离题。若想再深入些，我们还需要再一次运用因果分析法深入一层，我们该如何克服打扰？我们需要具备坚定的心志，我们需要做到慎独。在现代社会，我们如何做到有重量，不被裹挟？我们需要有坚定的信仰，我们需要避免浅阅读、碎片化阅读，而是要进行深阅读、文化阅读、经典阅读。只有这样的分析才能让自己的审题立意进入到材料的内核，从而写出一类卷来。

第四辑　写作园地

三、对象分析法

一般的作文题，叙述或议论的对象往往只有一个，或者两者的关系。但也有些材料涉及的对象有多个，我们需要分清对象的主次，以及各对象之间的联系，只有这样，我们才能抓住材料的主要意思。

示例：

阅读下面所给材料，选准角度，明确立意，自拟标题，写一篇不少于800字的论述文。

一个人在高山之巅的鹰巢，抓到了一只幼鹰，他把幼鹰带回家，养在鸡笼，这只幼鹰和鸡一起啄食、嬉闹和休息。它以为自己是一只鸡。这只鹰渐渐长大，羽翼丰满了，主人想把它训练成猎鹰，可是由于终日和鸡混在一起，它已经变得和鸡完全一样，根本没有飞得意愿了。主人试了各种办法，都毫无效果，最后把它带到大山顶上，一把将它扔了出去，这只鹰像块石头似的直掉下去，慌乱之中它拼命地扑打翅膀，就这样，它终于飞了起来！

这里的对象有人、鹰、鸡等，但主要材料围绕鹰展开，着重写了鹰在鸡窝（代表安逸的生活）与山顶（代表困厄的环境）中的不同表现。显然，这里的鹰是人的象征，需要我们思考人的成长与环境（包括安逸的生活与困厄的环境）的关系。当然，这与平时所讲的逆境出人才是有区别的，因为这里抓住鹰的人实际上有隐喻教育者之意。理解了这些，再站在辩证的立场上看，我们会得出以下层次的意思来。

（1）安逸的环境、身心、条件有利于人才的成长，现实中很多家长的做法就是基于这样的理解。

（2）正如温水煮青蛙一样，一味地耽于安逸，丧失斗志，最终连跳出的勇气都没有了，终在安逸环境中迷失了。这正如鲁迅先生所说的：生活太安逸了，工作便会为生活所累。

（3）所以，必要的磨炼是必须的，一如鹰需要在悬崖边的历练。这种历练能激发斗志，唤醒潜能，磨炼意志；相反，没有磨炼，则是另外一种情形。麦子没有风吹雨打、光热曝晒，长出的果实往往是干瘪的。泰戈尔则说，翅膀上绑了金条的鸟儿怎能飞翔。唯有流过血的手指，才能弹出世间的绝唱。古人亦云，自古雄才多磨难，从来纨绔少伟男。所以，没有考验的人生是不完整的，是走不远的，是收获不了人生的果实的。

（4）当然，人生的磨难还需注意两点：一是让人有个适应的过程，不能让人一下子从风和日丽跌入到严冬酷寒，我们需要让人有个秋的过渡；二是有个限度，让人能承受得了，毕竟在一些巨大的灾难面前，连生命都没了保障，何谈磨炼？

（5）更重要的一点是，我们的磨炼要针对人的个性与天赋，你不能赶一只鸭子上棚架，不能强迫一只羊去游泳。可悲的是，在现实中，往往很多的家长在不停地做着这样的蠢事。明明是一只鸡，却要用鹰的要求衡量。

（6）总结：顺应孩子的天性，让孩子在呵护与磨炼中走向成长，长成参天大树。

这样的思考无疑是全面而辩证的，我们的观点也具有了无可辩驳的力量。

四、虚实分析法

实指的是有明确的意义和具体所指的对象；虚指的是意义含蓄抽象的，对象往往具有比喻或象征含义。这类题目往往需要化实为虚或化虚为实。

示例：

阅读下面的材料，根据要求作文。

"假如你有两块面包，你得用一块去换一朵水仙花。"

——穆罕默德

"奈何一个人随着年龄的增长，梦想便不复轻盈；他开始用双手掂量生活，更看重果实而非花朵。"

——叶芝

先哲告诉我们，人得用面包去换"水仙花"；而叶芝却说，随着年龄增长，人们在生活中更看重的并非花朵。对上述两种看法，你更倾向于哪一方，或你有自己更好的思考？写一篇文章。

要求：①标题自拟；②文体明确，诗歌除外；③不少于800字。

按命题者的意思，这里的"面包""果实"和"水仙花""花朵"都是比喻，可以分为两类，寓意是物质生活（物质追求、功利追求）和精神生活（精神追求、诗意和美）。

穆罕默德的材料可理解为在满足生存的前提下，可去追求精神生活，要

第四辑　写作园地

重视精神追求。叶芝的材料则从反面反映了当下的现实：随着年龄的增长，人们更看重的并非精神。两则材料，一正一反，实际上均在倡导人们要仰望星空，让自己的生活多些诗意，多些精神的丰盈。当然，在具体的写作中，我们可以辩证思考物质（功利）与精神的关系。

物质是精神的基础，没有物质，连基本的温饱都有问题，一切的精神、诗意与美都成了无源之水，无本之木。毕竟谁也无法在半空中建造万丈高楼。跟饿着肚子的乞丐谈论诗歌，得到的除了"放他妈的狗屁"式的回应，其他的一切都是侈谈。

而单有物质，没有追求，没有精神，尽管衣食无忧，可媲美于"快乐的猪"，或许短时间内不会感到什么，但久而久之，就会觉得生活没有目标，空虚、无聊等情绪会汹涌而至，最终让自己埋到了尘埃里。而与这样的人交谈，我们也会觉得俗不可耐，面目可憎。除柴米油盐酱醋茶之外，我们须与琴棋书画诗酒花打点交道。

所以，只有建立在物质基础上的精神才是最有趣味的生活。当然，需要注意的是，我们不可一味强调精神生活，毕竟缺少物质的支撑，精神是很难立于高地的。

上述介绍的四种方法并非独立的，有时可结合起来，如上文中的第二个事例，实际上是结构分析法与因果分析法的综合运用。高考作文是一项综合能力的考查，所占比例可谓是语文的半壁江山，所以，在下笔之前，我们考生要舍得花时间审清材料的表层含义与深层含义，找到最佳立意点，让自己在写作中立于不败之地。

避俗趋新：让比喻更精彩

余光中先生在论及朱自清散文的比喻时认为，朱文"譬喻虽多，却未见如何出色"，且多用明喻，"满纸取喻不是舞女便是歌姝"，有细密、浮泛、轻易、阴柔甚至俗滥的倾向，会让人"引起庸俗的联想"。如果抛开朱自清独特的生活背景与审美情趣，单以比喻的使用来看，余光中的评论可谓一针见血。

在使用比喻的精巧别致方面，余光中先生并不是一个光说不练者，他自己在这方面就是一个典范，甚至可以说，对于他的比喻的运用，当代作家中很少有人能望其项背。不妨来欣赏他笔下的两小节文字。

（1）不然便是雷雨夜，白烟一般的纱帐里听羯鼓一通又一通，滔天的暴雨滂滂沛沛扑来，强劲的电琵琶忐忐忑忑忐忑忑，弹动屋瓦的惊悸腾腾欲掀起。不然便是斜斜的西北雨斜斜刷在窗玻璃上，鞭在墙上打在阔大的芭蕉叶上，一阵寒潮泻过，秋意便弥湿旧式的庭院了。

显然，这里也用了多个比喻：将暴雨打在屋瓦上的声音比作电琵琶，将密密斜斜的雨比作一副板刷，将击打在阔大芭蕉叶上的雨比作一条鞭子。但与朱自清不同的是，这里的比喻避开了常见的明喻，而是用借喻、隐喻，再加上"滂滂沛沛""忐忐忑忑忐忑忑"等叠词的配合，"扑""弹""刷""鞭"等准确而灵活的运用，芭蕉秋雨诗意的营造，使整个画面有声有色，有气势，有神韵，给人留下深刻印象。

（2）雨是一种单调而耐听的音乐是室内乐是室外乐，户内听听，户外听听，冷冷，那音乐。雨是一种回忆的音乐，听听那冷雨，回忆江南的雨下得满地是江湖下在桥上和船上，也下在四川在秧田和蛙塘下肥了嘉陵江下湿布谷咕咕的啼声。雨是潮潮润润的音乐下在渴望的唇上舔舔那冷雨。

167

第四辑　写作园地

与上一段文字不同，这一段以一个暗喻切入，出以通感，杂以排比、对偶、联想等修辞，又故意省去一些标点，写出了作者的思绪一旦受到秋雨的触发，一如大河决堤，一泻千里，奔腾如涌，不可遏抑，不绝如缕，写出了乡愁之幽深，之绵绵，之宽广。

作为一名热爱中国文化，热爱中国，礼赞中国，深受传统文化熏陶的诗人、散文家，余光中先生称中国为"最美最母亲的国度"，他的每一滴血脉里都流淌着古老而悠远的中华文化，他的文章无须绞尽脑汁苦心经营，笔下自然流淌出雍容而华美的文字，墨韵书香中含有一股飘逸豪迈之气，一种风华掩映之美，他确实是运用修辞的行家里手。

那么，好的比喻辞格究竟有哪些共同点？怎样才能让自己构造的比喻避开庸俗？笔者以为要做到以下三点。

一、取譬求新

英国作家王尔德曾就比喻打过比方：第一个把女人比作花的是天才，第二个把女人比作花的是庸才，第三个把女人比作花的是蠢材。说的就是在选择喻体时切忌人云亦云，免得比喻烂熟，没有了新意。无独有偶，文学史上"难得莲花似六郎"的佚闻趣事也道出了同样的道理。

"难得莲花似六郎"出自鲁迅诗《秋夜有感》："何来酪果供千佛，难得莲花似六郎。"这里的六郎是武周朝则天皇帝的面首张昌宗。"莲花似六郎"这个说法出自杨再思之口，当众人交口称赞六郎似花时，杨别出心裁，谄媚地说道："非六郎似莲花，然莲花似六郎也。"一时间，满堂喝彩，其拍马屁之功达到登峰造极，前无古人，后无来者，连鲁迅这样的大文豪也是"称赞有加"。抛开奉承不论，再来看杨再思的这个比喻，莲花和人两物通常是用花比喻人，而用人来比喻花者闻所未闻。杨再思一反常态，用花比喻人，而且是男人，比喻令人耳目一新，妙到毫巅。

显然，这里的"新"并非人未见过，而是突破了人们的思维模式，将人们通常认为不相干的事物突然组成本喻体关系，从而产生类似现代美学上的"陌生化"效果。不妨来看钱钟书先生《围城》中的两个例子：

（1）桌面就像《儒林外史》里范进给胡屠户打了耳光的脸，刮得下斤把猪油。

（2）这一张文凭，仿佛有亚当、夏娃下身那片树叶的功劳，可以遮羞包丑；小小一方纸能把一个人的空疏、寡陋、愚笨都掩盖起来。自己没有文凭，好像精神上赤条条的，没有包裹。

第一个比喻句，作者视通古今，借用大家熟悉的《儒林外史》中的人物形象，新颖别致，幽默风趣，寓庄于谐，令人莞尔；第二个比喻句，作者借宗教中的故事，巧妙地将中西方文化融为一体，想象独特，滑稽之中寓诙谐，体现了钱钟书先生学贯中西的学者风范。

二、形式求变

人们通常把比喻分为明喻、暗喻、借喻三类，实际上，这三种比喻根本无法将比喻的形式穷尽，笔者以为，按其形式，比喻至少还可以分出博喻、通感、排比喻、母子喻、对比喻等形式。而且，后面这些比喻产生的效果是远非明喻、暗喻、借喻所能及的。下面我们不妨一一举例说明之。

1. 博喻

指的是一个本体，多个喻体的比喻。例如：

层层的叶子中间，零星地点缀着些白花，有袅娜地开着的，有羞涩地打着朵儿的，正如一粒粒的明珠，又如碧空里的星星，又如刚出浴的美人。

对于博喻，余光中先生做了这样的批评：一物三喻，形象太杂，焦点不准，而且三种形象都太俗滥，得来似太轻易。余先生单从比喻角度评论，这确是至论。但结合朱自清先生在这特定背景下的情感，笔者倒认为他用得恰到好处。淡云扫月的晚上，满塘的荷叶中，这些荷花既有明珠般的晶莹、星星般的亮度，又有美人般的光泽，作者从三个角度写月下荷花的朦胧之美，与当时的情景颇为契合。

2. 通感

是一种特殊的比喻，是指用表达某一种感觉的饰语，直接修饰另一种感觉对象，通常是视觉、听觉、味觉、触觉、嗅觉间彼此打通，互相交织。还是以朱自清先生的《荷塘月色》中的句子为例。

微风过处，送来缕缕清香，仿佛远处高楼上渺茫的歌声似的。

这里以感官对"清香"的嗅觉和"歌声"的听觉构成了通感。这种通感辞格，逼真地写出了荷香"丝丝缕缕""飘飘渺渺""似有似无""隐隐约

169

约""若断若续"的特点，作者打破了常规，把"声""香"联系起来，使嗅觉与听觉沟通。这样就会调动起读者的生活经验，使人充分发挥想象和联想能力，取得了意想不到的表达效果。

3. 排比喻

指的是连续运用三个或三个以上的比喻句。与博喻不同，博喻是一个本体，多个喻体；而排比喻则是多个本体，多个喻体。例如：

明星荧荧，开妆镜也；绿云扰扰，梳晓鬟也；渭流涨腻，弃脂水也；烟斜雾横，焚椒兰也。雷霆乍惊，宫车过也

从单个比喻来看，这里用的是倒置式比喻："明星荧荧"是比喻句的喻体，"开妆镜也"是本体。以璀璨晶亮的明星来比喻纷纷打开的妆镜，既贴切，又形象。将喻体置放在前，先予以人鲜明的画面，令人惊奇，再出现本体，解释原因，读者印象更为强烈。从整体来看，这里的排比喻又极写宫女之多，以及宫女生活之空虚，也间接写出了宫女生活之不幸，以及秦王朝奢侈荒淫的生活，为下文的"戍卒叫，函谷举，楚人一炬，可怜焦土"做铺垫，进而为后文作者的议论蓄势，为结论的得出张本。

4. 母子喻

这是一种综合性较强的比喻句。它既不同于一般的孤立的比喻句，而是两个或两个以上的比喻句构成，其中几个比喻句的本体构成从属关系，喻体也构成从属关系，故有人形象地称之为"母子喻"，例如：

山上有了小屋，好比一望无际的水面飘过一片风帆，辽阔无边的天空掠过一只飞雁，是单纯的底色上一点灵动的色彩，是山川美景中的一点生气，一点情调。

这个句子既是母子喻，也是排比喻。从本体来看，小屋在山上，构成母子关系；从喻体来看，风帆在一望无际的水面，飞雁在辽阔无边的天空，一点灵动从属于底色，一点生气与一点情调也从属于山川，这些喻体也都构成母子关系。这里，作者以其细腻的笔触，形象生动地写出了小屋在山上，点破了单调，使山有了生气，有了情韵的美态。丰富的意象，悠远的画面，引人联想，极为精彩。

5. 对比喻

指的是一个句子中运用两个比喻，两个比喻构成对比关系，产生鲜明的

效果。如《围城》中的一段文字：

上来的汤是凉的，冰激凌倒是热的；鱼像海军陆战队，已登陆了好几天；肉像潜水艇士兵，会长时期伏在水里；除醋以外，面包、牛油、红酒无一不酸。

作者表达的意思是该凉的不凉，不该凉的倒凉了；该沉的不沉，不该沉的倒沉了；该酸的不酸，不该酸的倒酸了。但经作者一运用"鱼像海军陆战队，已登陆了好几天；肉像潜水艇士兵，会长时期伏在水里"的对比比喻，形象生动之余，马上取得了一种诙趣，令人忍俊不禁。

三、表达求活

一般的比喻，无论是本体，还是喻体，都是静态的，其缺点是不能反映出事物变化的过程。而动态的比喻则避免了这种不足。如"南方的雨季，雨丝像纺车上的细线一样，在天地间来回走动"句中，"南方的雨季，雨丝像纺车上的细线一样"类似通常的比喻，而加上"在天地间来回走动"，效果便完全不一样了。在作者的眼中，整个天地像一架纺车，这之间好似有一只天外巨手，以雨丝为线进行纺织，整个比喻新奇而大气，给人留下深刻印象。这表明，如果好的比喻再配上灵活的表达，化静为动，会收到意想不到的效果。

再来看李乐薇《我的空中楼阁》中的经典句子：

小屋在山的怀抱中，犹如在花蕊中一般。慢慢地花蕊绽开了一些，好像层山后退了一些。山是不动的，那是光线加强了，是早晨来到了山中。当花瓣微微收拢，那就是夜晚来临了。

这里既用了母子喻，又写出了小屋与山在光线变化中的动态美感。作者把山的光线加强看成花蕊在绽开，把山的光线变暗看成花瓣在收拢。新奇的意象，独特的比喻，犹如神来之笔，非仔细观察者不能为之。

最精彩的要数《我的空中楼阁》的结尾部分：

山下的灯把黑暗照亮了，山上的灯把黑暗照淡了，淡如烟，淡如雾，山也虚无，树也缥缈。小屋迷于雾失楼台的情景中，它不再是清晰的小屋，而是烟雾之中、星点之下、月影之侧的空中楼阁！

这里，"照亮""照淡"准确地写出了山下万家灯火，山上孤灯独照的

第四辑 写作园地

情景，在这种特定的环境中，周围的一切如烟似雾，在这样的烟雾之中、星点之下、月影之侧，作者完成了自己精神家园的构建。同时，作者引用了秦观《踏莎行》中"雾失楼台"的句子，所不同的是，秦观是"桃源望断无寻处"，而作者却翻出了新意，找到了自己的空中楼阁，文章句式整齐，节奏明快，表达错落有致，灵动优美，在这如歌的行板中洋溢着作者按捺不住的喜悦。

转出一片新天地

——记叙类文章思维开拓例谈

不论是平时作文，还是考场作文，大多数学生的思维往往是线性的、流于肤浅的：从幼儿园写到高中，从春天写到冬天，或者是写一件事的经过与结果，没有横向的生发，没有纵深的发展，更没有起伏变化。在"文似看山不喜平"的文化环境里，这种作文显然得不到读者的喜欢。想起古代的八股文，有"起承转合"之说，而我们学生的文章根本就没有"转"，从这一点来说，古代的这种章法很有可取之处。因为这一"转"可以让自己的眼界拓开，思维开阔，有"柳暗花明又一村"的效果。那么，记叙文应从哪些方面切入，才能让自己的文章"思维一转天地宽"呢？笔者以为，需要从以下五个角度展开。

一、时间的"转"

指的是在记叙时，打破单一的时间顺序。时而顺序，指明事件的发展方向；时而插叙，交代事件发展过程中各种因素的关系，有进有退，有起有落，有逆有转，变幻多姿，活泼有致。这种方法若能运用得当，能突破时间的限制，使行文变得灵活有序，视野变得更开阔。不妨看一个例子。

记不得哪一天，同学递给我一个饼，这层层叠叠的饼皮，脆而不碎，烤成很淡很淡的褐色，最上面那一层粘着几颗芝麻。咬了一口，香甜的海苔味在嘴里荡漾开来，泛起圈圈涟漪。

我的那份随着时间死亡的记忆，立刻随着圈圈涟漪复活了……
……

173

阿公的一生，似乎就是为了做饼而生的。

……

阿公的生意越做越好，他太忙，想找几个徒弟却招不到，毕竟，做饼不算是很挣钱的行业，现在的年轻人的心太浮躁，根本安不下心来学手艺。有人看他这么辛苦，便在旁建议：不如把他的饼制作业"机械化，企业化"，这样可以赚更多的钱。他突然发怒，像一头炸了毛的狮子，大骂道："机械做的饼能吃吗？一个个硬邦邦的，连味道都带着一股机器一样的生冷味！"

想到这里，我心中忽地起了探访阿公的念头。

顺着记忆，我向着他的那间老屋走去，远远便闻到了烤饼的香味。

屋里，打着赤膊的阿公正在做饼，他的神情是那样虔诚、专注，好似正在做一件稀世珍品。在这间小小的屋子里，他悄悄地安放生活全部的忙碌。

浸在灯光下的阿公，像是一枚熟透了的柿子。尽管其表面已经起皱，已经不再新鲜，可是，那种源自于内心的敬业乐业、追求完美的精神，大概就是让这枚柿子在这昏暗光线里发出一种炫人的光的原因吧。

阿公，我选择向你致敬，不为别的，只为心中的那一份坚守。

上述引用部分再现了文章的主要情节。僻静的小巷，孤独的身影，一位不知名的阿公以穷困之身恪守了那职业的尊严，他的一生只做一件事——做饼，并把这件事做到尽善尽美，死而无憾。他的执着与坚守让人看到了底层百姓的人性之光。在写作上，作者巧妙地使用了时间上的"转"：以同学给饼开篇，以饼香引入回忆，由回忆引出探访，最后表达对阿公的致敬。文章因此而显得腾挪起伏，内容厚实而摇曳多姿。

二、空间的"转"

记叙类文章通常以时间为序写空间的变换，如小学到中学、春天到夏天，或游记散文的移步换景等，这种变换体现了纵向的结构，写法单一，若能以梦境、想象、回忆等形式进行横向"漂移"，进一步拓展思维空间，文章的视野会走向开阔，内容也会更丰厚。不妨看一下2010年浙江省满分作文《角色转换之间》中的几段文字。

我在一个暑假赴澳，异国的文化让我新奇让我欣喜，让我忘了父亲在那个冰冷城市的苦苦挣扎。然而我却收到了来自父亲的电邮，很短很短。他写道："囡囡。"窗外的风轻轻吹过，飘来海洋浓郁的味道。可我眼前却只剩下这两个字。一遍遍，仿佛是回响在心底。大洋彼岸的父亲是怎样用黝黑的手掌抚过键盘，是怎样将浑浊的乡音，化为陌生的拼音！隔着大洋，我听到一声呼唤，满含思念。

记忆回到那个落满槐花的童年，锈蚀的自行车，残损的小黑板，还有那贴满了识字表的石灰墙。那里，父亲曾牵着我的手教我识字。我的手掌贴在那刀削似的皱纹上面，第一次学会过马路，第一次自己上学。那些有着父亲苍老背影的记忆在夜阑时分入梦，醒来的时候，泪痕未干。

我知道，父亲正在用他并不轻便的双腿追赶时代的步伐。而这，为了他自己，更为了我。

回国的时候，父亲来机场接我，在那如昔的拥抱里，他说："我学会用电脑了。"在这个即将离开家，去往远方的时候，他告诉我，他每天会给我发邮件。这就是父亲，上半生追赶日出，下半生追逐我远行的步伐。第一次，我成为父亲的老师。曾经父亲教会我初识世界，教会我待人接物。如今，我教父亲融入这个世界，融入我生活的这个时代。在这个城市里，我知道自己并不孤独，在远行的路上，我知道自己并不孤单，在角色转换之间唯一不变的是父亲那坚实的迈向我的步伐。

作者的父亲是从一位从大山里走出来的农民，他为自己的女儿付出了全部心血。过去，他教女儿骑自行车，教女儿识字，护送女儿过马路，送女儿上学，现在，为了赶上儿女，迎上时代，他艰难地让女儿教他学普通话，学电脑，他给远洋的女儿发电子邮件，透过浓重的"囡囡"两字，我们似乎听到了人世间最为动听、最为深沉的语言，穿越了空间，超越了时间。文章从中国到澳洲，从现在到童年，丰富的场景很好地突出了角色转换间父爱不变、亲情永恒的主旨。

三、情节的"转"

中国的美学讲究曲径通幽，起伏变化，文学也是如此。记叙类的文章要达到这个目的，关键要避免平铺直叙、一览无余的写法，而采用跌宕起伏、曲折多变的文势。这种技巧可称之为情节上的兴波法。它包括误会、悬念、抑扬、巧合、对比、穿珠、伏笔、擒纵、梦幻、铺垫、反常、放收、突变、

第四辑　写作园地

翻转、渲染、张弛、顺逆、阻畅、断续、疏密、离合、藏露、计谋、智慧、错误、意外等多种具体方法。我们也来看一篇文章。

我走在山野烂漫的金秋季节，这洋溢着温情的时分却给我一种莫名的伤感。漫无目的，一眼望去，是争奇斗艳的秋花，生得婀娜多姿，高贵出众，招引来一大批蝴蝶、蜜蜂光顾。是的，它们才是主角。舞台上华丽出场，身着洁白披纱，脚穿玻璃水晶鞋，在音乐中翩翩起舞，风光无限。我在赞叹她们妖娆的同时，也暗自伤感。

路过这些花儿的身边，我惊奇地发现，一点点泛黄的小花躲在角落里，走近一看，原来是野菊花。我朝它淡淡一笑，"我们是一样的。"野菊花毫不出色，缩头缩脑地僵在角落里，只有那淡淡的黄色显示它们还是存在的，只惜只能当配角，衬着披纱的花边，也算是不薄的了。我对这小小的野菊花产生了浓厚的兴趣，仿佛在看我自己。

天气渐渐昏暗，金色的光辉隐去，群山捧出了一轮血红的夕阳。这夕阳红得泣血，就像浴火重生的凤凰留下的一团火球。由于失去了阳光的照耀，这些秋花都失去了光彩，好比舞台灯光突然熄灭，主角们身上再华丽的衣服，头上再闪烁的装饰品，也失去了光泽。我想这野菊花也该退场了吧，主角都谢幕了，哪有配角存在的道理？

可是这野菊花偏偏不按规矩办事。那泛着淡黄的花朵直直地探出了脑袋。我嘲笑地说："别白费力气了，配角就是配角，你和我一样，都是黯然退场的角色。"可它还是不听，努力地伸长脖子瞧。这淡淡的黄色居然也可以变得那么浓艳。我站起身来，看着红彤彤的夕阳，再看看一片昏暗的大地，只有那一角泛着黄色的光芒，显得格外出众。原来，配角也可以上台的。现在，它才是主角，整个舞台都是它的！

这是董玲美同学写的《我和你一样》的主体部分。作者的构思很精巧。一边是华丽出场、高贵出众的秋花，一边是躲在角落、缩头缩脑的野菊花，一主角一配角，一高贵一卑微，一褒一贬，对比鲜明。随着夕阳西下，高贵者谢幕，卑微者出场，整个舞台产生了大变化，主次逆转，野菊花绽放出了生命的美丽，文章欲扬先抑，摇曳生姿。在此基础上，作者由物及人，借以表达人生的哲理：卑微的人生也可以唱响生命的乐章，我们每个人都要做自己生命中的主角，唱好生命中的独角戏。这种振聋发聩的呐喊使得文章的立意也因此显得非同凡响。

四、情感的"转"

通常的作文往往只有一处情感认识，或肯定，或否定；或赞扬，或批判；或喜欢，或厌恶……而在一些文章中，由于表现的需要，作者在作文中贯穿跌宕起伏的情感变化，使文章避免呆板、单调与索然寡味，产生一种兴味。如杨朔的《荔枝蜜》，文章的主要篇幅是写蜜蜂，但有趣的是，文章的展开和归结都落在"我"的感受上。"我"对蜜蜂的情感变化："厌蜂—看蜂—赞蜂—变蜂"构成全文的情感线索。文章全篇突出强调的本不是蜜蜂（劳动人民）的精神，而是"我"在其精神的感召下思想感情所发生的本质变化，这一情感变化才是文章叙写的侧重点。学生平时作文，也可训练这种技巧。

他是一个木匠，去年家具店里的人手不够，就招了他为员工。可我怎么也想不通，为什么会招这么的一个人：衣着算不上整洁，上衣沾了几个醒目的油漆点子，下身的裤子洗得发白，被挽了起来，隐约中还能看出有些破洞；最不能让我忍受的是那鸟巢般邋遢的头发，仿佛从来不受打理，真是糟蹋了那么好的发色……由于一开始的偏见，我就对他心存不满，讨厌他一口一口的方言，讨厌他摸着自己的头傻乎乎地笑，讨厌……于是，我想尽办法希望他被爸爸开除。

他是一个新手，手艺算不上熟练，常常会犯错，我也总会在这时，添点油加点醋，挑他的毛病，以达到我的目的。可爸爸与我的本意相反，爸爸不但不责怪他，反而耐心教他干活。其中有一次，我实在气极了，便跑出了家门……

　　……

我漫无目的地走着，却不知，正走到路口，一辆快速驶来的车冲了过来。脑子一片空白，脚沉重地拉不开步子，心扑通扑通地喧腾着，就在那一发千钧之时，一股劲推开了我……

车过，我，没事，回头，沉默，因为是他。他露出一口洁白的牙齿，咧嘴笑了，说："没事吧？你爸让我来找你回去。"一瞬间的失神，我点点头。他牵起我的手，阳光下，背影被拉的好长好长……

177

这是《我终于认识了你》中的几个片段。最初，作者展现给我们的人物特征明显带有鄙视：上衣沾了几个醒目的油漆点子，裤子洗得发白，还能看出有些破洞，头发鸟巢般邋遢，一口一口的方言，常摸着自己的头傻乎乎的笑……但随着行文的展开，文章犹如峰回路转，"他"在关键时刻救了"我"，"我"了解了"他"的一些情况，"他"是一个值得尊敬的人。情感认识的变化使文章增加了波澜之美。

五、视角的"转"

夏丏尊在《论记叙文中作者的地位并评现今小说界文字》中谈到叙述角度的类型：①全知叙述。叙述者无所不在，无所不知，有权利知道并说出书中任何一个人物都不可能知道的秘密。叙述者>人物。②限制叙述。叙述者知道的和人物一样多，人物不知道的，叙述者无权叙说。叙述者可以是一个人，也可以是几个人轮流担当；可以采取第一人称，也可采用第二人称。叙述者＝人物。③纯客观叙述。叙述者只描写人物所看到和所听到的，不做主观评价，也不分析人物心理。叙述者<人物。这种叙述角度的变化通常被称为视角的变化，可以从多角度认识事物，反映事物，从而取得常规视角不能到达的效果。如贾平凹《我的小学》的片段：

我那时最爱语文，尤其爱造句，每一个造句都要写得很长，作业本就用得费。后来，就常常跑黄坡下的坟地，捡那死人后挂的白纸条儿，回来订成细长的本子；一到清明，就可以一天之内订成十多个本子呢。但是，句子造得长，好多字不会写，就用白字或别字替着，同学们都说我是错别字大王，老师却表扬我，说我脑子灵活，每一次作业都批"优秀"，但却将错别字一一划出，让我连作三遍。学写大字也是我最喜欢的课，但我没有毛笔，就曾偷偷剪过伯父的羊皮褥子上的毛做笔，老师就送给我一支。我很感谢，越发爱起写大字，别人写一张，我总是写两张、三张。老师就将我的大字贴在教室的墙上，后来又在寺庙的高年级教室展览过。她还领着我去让高年级学生参观。高年级的讲台桌很高，我一走近，就没了影儿，她把我抱起来，站在那椅子上。那支毛笔，后来一直用秃，我还舍不得丢掉，藏在家里的宋瓷花瓶里，到了"文化大革命"中，破起四旧，花瓶被没收走了，笔也就丢失了。

本文主要是运用限制叙述，以第一人称贯穿始终。首尾都属于"叙述自我"，用叙述者的话语来讲述对小学语文教师的好感、学习语文的刻苦以及对毛笔的珍惜，中间部分属于"经验自我"，用主人公的眼光来描述见习生事件和书法展览的荣耀。本文通过"叙述自我"与"经验自我"的交错，凸显了个人记忆中的"动情点"。

第四辑　写作园地

真实：文章的生命

在高考作文中，每年都有不少考生为求高分，不顾实际胡编乱造，文章无病呻吟，缺少真情实感，结果弄巧成拙，被判为低分，这确实值得考生好好反省。

教育家陶行知曾说过一句话：千教万教，教人求真；千学万学，学做真人。作为教师，首先应培养学生写真事、说真话、抒真情的习惯。通过不断训练，让学生明白：真实才是文章的生命。

文章的真实包含以下三层意思。

一、生活真实

生活真实是写作的基础与源泉。不管你在作文中是抒发自己的感情，还是描写自然景物，抑或是写超现实、非现实的幻想，归根结底，都是社会生活的反映。因此，生活真实是我们写作的源泉。如果失去了生活，失去了真实，写作就成了无源之水，无本之木。

下面是《妈妈只洗了一只鞋》中的片段。

……可是刷来刷去怎么都刷不干净，看着妈妈洗过的鞋，再看看盆里自己刷的鞋简直是个小丑。小乐向妈妈投去求助的目光。妈妈便笑着告诉他，洗鞋子应该从里到外，顺着纹理轻轻刷洗，脏的地方要着重漂洗，还要清水过一遍，并说："凡事应先动脑，并要有条理，这样才能办好。"

对于这段文字，福建师范大学潘新和教授做了这样的点评：这种明显是编造出来的"波折"，看了真是叫人啼笑皆非，一只鞋子，不是一条大床单或大毛毯，怎么可能刷来刷去都刷不干净呢？"妈妈"所面授的"机宜"："洗鞋子应该从里到外，顺着纹理轻轻刷洗……"不是故弄玄虚又是什么呢？把简单不过的事弄得复杂化，还要再说上一个一般只说给6岁以下儿童听的"大道理"……

如果说，上面这段文字还只是带点幼稚的话，那么下面这一段文字编造的痕迹就更明显了：

"是的，我也曾经和你一样自暴自弃，甚至连安眠药都拿在手里了。但我转念一想，我不能就这么死了，何不让这次灾难，成为我的假期，等我调整好心态以后，再创事业？就这样我休息了半年，然后向银行贷款，开始艰难的创业……到现在成了有钱人。人生的真谛不就在生有所息和生无所息这一念之间吗？"说完，富翁走了。但乞丐还是呆在原地，心想："我是不是该开始生无所息了。"

最后这篇文章被打为三类卷下档的分数，原因在于其致命的问题：胡编乱造。一个工人让灾难成为自己的假期，调整好心态创造事业辉煌，这一说法太离奇。如果他有雄心，以前就可调整了，何必等到灾难来临？身无分文的人能向银行贷到钱吗？这样的底子，成为富翁不是太偶然了吗？（即使可能，文章也要做些交代）……由此来看，写作文在编述故事时，也要符合生活的真实，否则只能得到很差的分数——哪怕他的文笔还可以。

由此可见，作者只有让自己的写作合乎生活的真实，给读者以身临其境的感触和具体真实的感受，仿佛可以让人从感觉上把握得到，让人读时如饥似渴，爱不释手，读后如闻其声，如见其人，如临其境，文章才会有真正的生命。

二、艺术真实

当然，写作的真实不应只拘泥生活真实，不应只是对现实生活中的人物和事物的刻板模仿与提取。高尔基曾经说过："我们的艺术应该就得比现实更高，并且在不使人脱离现实的条件下，把它提升到现实以上，就是要求艺术家应该在再现现实基础上再造现实。如此，艺术才更有价值。"换言之，虽然生活真实重要，但它毕竟只是我们写作的基础和前提。写作并非是生活的实录，它是对生活真实的能动反映过程。写作时必须对生活真实进行艺术的取舍、改造、提炼等创造性加工，使之成为典型，这样才能使生活真实变为作品，达到艺术真实的境界。

第四辑 写作园地

写作要学会杂取种种人，杂取种种事，进行糅和加工，从而塑造出一个完美的文学形象来。你所写的并不是一个生活中的个体，并不是一个生活的简单复制品，而是你对生活的提炼对生活的升华。只要是符合生活的逻辑，符合生活的规律，就是艺术创作，而绝非乱编乱造。也就是说，你所塑造的文学形象可能是生活中已有的，也可能生活中并没有发生过出现过，但在现实生活中可能会发生和出现或者必然会发生和出现的。

三、科学真实

科学真实指的是我们写作时，要力求自己所写的内容能反映现实世界各种现象的本质和规律，所得出的结论讲求证据，做到逻辑严密。不妨先来看一个反面例子。

面试那天，由于晚上兴奋得睡不着，所以她很迟才起床。她赶紧穿好衣服，飞快地骑车赶往考点。车速越来越快，天又下起了雨，路面也有些打滑，她很害怕在这个途中会发生些什么，但是，她马上就要迟到了，所以，在这种担心之下，她还是没有减速。

在一条大路的拐弯口，终于，她害怕的事情发生了，她撞到人了。当时，她真的吓傻了，直到那个被她撞倒的人叫她时，她才回过神来。她走过去，可是刚走了一步又停了下来，胳膊上传来刚刚碰撞所产生的疼痛，她抬手看看表，还有三分钟就迟到了，可是，从她现在的地方去考点只要一分钟就到了。但是，那个被她撞倒的人好像蛮严重的样子，因为那个人一直在地上爬不起来。也不知道怎么的，她就这样走了过去，好吃力地扶起了那个被她撞倒的人，拦了辆的士，把那人送进了医院。医院诊断，那人的腿断了，女孩没说什么，只是按照医生的吩咐办好了手续。等那人躺在病床上的时候，她才开口说："伯伯！对不起，但是，我今天要去考试，我考完了就再回来你这里，行吗？"说着就哭了起来。那人也不知是怎么的，就点头了。

后来，当她赶到考点的时候，一个人也没有，她很着急，也很害怕，可是，她看见了一张通知，上面写着，因主考官身体不适，特此请各位考生一星期后来此处考试……

她觉得自己很幸运，于是，她依言回到了医院，三天后，病人出院休息，而她的任务也告一段落了。过了四天，她去面试，当她进入考场的时候，才发现，原来主考官就是那个被她撞倒的人。

结果，不用想就知道，她被录取了。

这是一篇题为《故事》的主体部分。本文语言流畅，情节一波三折，引人入胜，显示出了小作者较高的作文功底，但最终得分不高，原因是这一故事的漏洞非常明显。如果说，因车速过快竟至将人撞断了腿，而撞断腿的人恰恰是戏剧学院的主考官尚可用"无巧不成书"来解释的话，那么，下面的破绽就不可原谅了：

其一，"腿断了"的人怎么能住院三天就可出院休息，再过四天又可主持面试？这不是有悖于医学常识吗？

其二，"她"又回到医院照料病人三天，在这三天内，戏剧学院的领导、师生及病人的家属会不来探望吗？病人也不会不跟"她"说话吧？"她"怎么可能直到进入考场才发现被撞者是"主考官"的身份呢？

其三，戏剧学院把考试日期推迟一星期，这明显不符合高校招生考试进行的常规，即使是自主招生的戏剧学院，也总不至于因为一个主考的住院而临时改变考期，让全体应试者徒劳而返吧？更何况主考官被撞以后，戏剧学院是如何在三分钟之内知道这一消息，并迅速贴出延期考试的通知的？他们当时就能知道主考官一周之后出院吗？

其四，发现主考官就是被撞倒的人之后，"结果，不用想就知道，她被录取了"，难道主考官就凭赏识"她"的"诚信"而不管考生的专业素质、分数线、成绩而录取"她"吗？

其五，主考官与"她"同在事故发生地，此时离开考只有三分钟，不仅"她"怕迟到，作为主考官赶到考场恐怕也要迟到了，这不合主考、监考、考务人员一般都要提前10~30分钟到场的情理。

显然，这一部分文字完全违背了生活常识与科学真实，应该判为低分。

总之，文章的本质是反映社会、抒发情感，对于未走上专业写作道路的中学生来说，叙写真实是写作最根本的要求。因此，我们必须在平时注意清理自己的思想与观念，关注现实，正确认识自己，养成健康的心理，把自己的笔触伸入到广阔的自然、时代、社会，关怀人类，挖掘出民族的深厚积淀和人性的闪光点，让自己的文章合乎生活的真实、艺术的真实、科学的真实，只有这样，我们方能去伪存真，写出真情实感、情真意切的好文章来。

作文需要怎样的文化

——对当前文化作文的思考

　　许多面临高考的学生往往把提高写作的注意力放在了如何讨好阅卷教师上，这其中，做法最多的就是写所谓的文化作文。这种作文一经媒体披露与各方的追捧，曾在21世纪初引起了欢呼，一时间，大江南北，长城内外万千考生竞相模仿，高考作文出现了文化作文满天飞的情况。久而久之，这种文章形成了一定的套路，浙江省高考作文阅卷大组长陈建新教授称之为"套话作文"，陈教授概括了其三大特点：第一，题材总是选用历史文化（文学）名人；第二，文章结构表现为"穿靴戴帽三段论"，即用三段左右的历史文化名人的事迹作为作文主体，再加上一个开头和一个结尾；第三，作文的主题总是局限在一个浅显的平面上而不做深入开拓。也就是说，作文的材料熟烂化、结构模式化和主题平面化构成了"套话作文"的三要素。近几年，经过全国上下合力打假，这种文风收敛了不少，但又有考生提出了疑问：难道作文中就不能表现文化了吗？实际上，反对"套话作文"并非反对中学生写文化题材的作文。正如陈教授指出的，好文章的关键是有没有作者的情感和思想，你所有的题材是不是通过自己独立的观察和感受得来的。

　　我们不妨看下面这篇作文。

岛

　　天下武林，御剑江湖，刀光剑影中来去生风。一曲箫声，语音缥缈，明月清风中逍遥天际。

　　一壶桃酒，一把长剑，一支玉箫。岁月仿佛隔绝在桃花岛外，任凭你刀蚀剑磨，他岿然不动。我见过黄老邪，是在水波不兴的江畔，他手执玉箫，望目远眺，凡目光所及之处皆落桃花，凡脚踏之处必留醇香。我曾想，这究竟是怎样的侠士，风流中未俗气，举足间尽是飘逸。他独拥一座桃花岛，桃花岛内韵音芳华，桃花灼灼，遂以东邪自誉，邪中带正，正中亦邪，浑然自得。只有他才配得上那片乐土，金庸笔下绝无二人。

人各有志，道不同，不相为谋。你可以哗众取宠聊博浪名，也可以潜心经纶不染世俗；你可以追名逐利热心钱财，也可以隐居山林冷眼向洋；你可以玩弄权谋争霸武林，也可以清酒明月醉于桃花。

我想起庄子。他隐居山林不以物喜不以己悲。行吟放歌山林中，犹如蝴蝶翩跹轻舞飞扬，他宁静致远，云淡风清，不获世之滋垢，浮游尘世之外。尘网困不住他，尘网岂能困住羁鸟池鱼？他化作一轮明月，明月清辉独净其身。

我想起陶潜。他采菊东篱，与山同饮，与酒共醉。他摒弃官场，乐于饮酒诗文，归去来兮，在他眼中浮生若梦，桃花源中粗茶淡饭，恬淡悠然的生活才是他心之所往。

我想起嵇康。他风采翩翩，峨冠博带。一曲广陵散流传千古，谁人若他这般潇洒逍遥。竹林深处，曲音宛转，高山流水。他以情思作弦，以清风入耳，所弹之音无不动人绝艳。

我想起纳兰。他虽是人间惆怅客，文采惊世，万人争传。心却淡然如水，以文交友，以贞观入知音。人生若只如初见，在他心间向往着纯粹的年岁，心亦空灵。

在我眼前，仿佛有千万个灵魂交叠，他们来自不同时空，有着不同面貌，却好像都来自同一座岛，那岛竟也开遍桃花，灼灼其华。清风朗月，韵音宛转。在这座岛上，他们不知彼此，却向着同一个灵魂。

这是一篇没有署名的学生发送到笔者电子信箱的作文，据他（她）介绍，这是教师推荐的范文，其作文题如下。

阅读下面的文字，选择一个角度，写一篇不少于800字的文章，文体自选，题目自拟。

有学者在评价金庸时认为，一部射雕，表面上是写武侠，骨子里却全是至情至性的文人。最称心如意的是那个旷世的黄东邪，他有一个自己的岛，外人的进入是不被允许的。这岛上桃花盛开，山石奇秀，他有箫，有剑，有明月，有好风，有爱女，有一望无际的大海，因此他懒得与人往还，因为他只爱他自己的岛——那只有他那样智力的人才配居住的岛。难怪有人说，做人一定要学黄东邪：你可以顽皮，你可以偶尔犯点邪气，但你一定要有一个别人无力进入的、只属于你的美丽的岛。

这位学生大概看过笔者有关真情作文的介绍，心中没底，不知从哪里打听到笔者的信箱，让笔者为之释疑。从命题来看，理解文题的关键在最后一句："你一定要有一个别人无力进入的、只属于你的美丽的岛。"

显然，这里的"岛"是一种象征，象征一个人的精神世界。从审题上看，范文理解是正确的，无论是庄子、陶潜，还是嵇康、纳兰，他们都在自己的精神世界活出了精彩。

但是，透过作者铺云列锦、璀璨生辉的文字，作者的情感、思考几乎找不到踪影。换言之，作者的大部分语言都是华丽的形容词，多是现成的、描写性的，没有自己思想的过滤，缺少应有的感悟与分析，更没有由表及里，触及文题的核心——精神世界，作者所有的文字只不过是用语言给我们营造了一座眼花缭乱的迷宫，引导我们一直在外围打转，无法深入。华丽语言的背后是作者思想的贫乏，我们根本看不到作者独特的有价值的思索。再从逻辑层次上看，作者所举的四个历史名人基本是同一层次的，不客气地说，作者的四个事例实际上等于一个事例。

那怎样的文化才是真正有效的？为此笔者写了一篇下水作文回复给那位学生，全文如下：

构建心中的天堂

我亲眼目睹，一个心静知足的人，在那里生活得宛若在皇宫里一样，生活得如此开心又如此心满意足。

——亨利·戴维·梭罗《瓦尔登湖》

行走在人生的路上，一半清醒，一半迷茫。清醒的是一直都不忘执着地追寻自己的理想，寻找自身的价值；迷茫的却是一直找不到心灵的归宿究竟在何方。在这个高楼大厦不断割裂城市上面蔚蓝色天空的社会，机器的轰

186

鸣惊醒了霓裳羽衣的闲情，网络的普及驱散了渭北的春树，江东的暮云。枫桥的波澜不再，渭城的朝雨不再，把盏的素手不再，还有那些文字，那些丹青，那些音律，通通如轻烟般散落在历史的尘埃中，无人碰触。凝眸处，阳光燃烧着空气，人们将忙碌与冷漠写在了脸上。

纪伯伦说："我们已经走得太远，以至于忘了为什么而出发。"或许，我们的行囊太沉，我们的心灵太重。真正的生命，应该是柔和的，灵动的，是漫花春野里最美的青鸟，是李白的愁心明月，是小山的几回魂梦，是苏轼的一蓑烟雨，是柳永的白衣卿相，是李乐薇的空中楼阁，是朱自清的一方荷香。

于是，无来由地喜欢上了远离城市喧哗的紫藤别院。早上，听多情的鸟儿叫醒乡郊的黎明，披衣走上露台，看那微风轻拂，摇落一地的碎银，和一树清脆的鸟鸣，然后，对着一棵正在开花的树微笑。头顶上，留下了大雁温暖的诗行。远处，漠漠水田之上，白鹭正以天地为底色，以飞翔为丹青，织就一幅幅锦绣山水。

走出家门，犹穿行于古老江南的寻常巷陌，欣然地发现小区的院落里一束红花出墙来；仿若走在唐山宋水间，看着远处的燕子低飞呢喃。近处的墙上，紫藤花生机勃勃。田间，麻雀在草丛里跳跃，大片的草地绿油油的，不知名的野花在垄边开得正旺。旁边的河流上，几只鸭子正悠然自得地游来游去。

是啊，人生就像那紫藤，那方矮墙上有它绚烂的天地，何必学凌霄花努力攀上高处？就像那麻雀，灌木丛中有它的世外桃源，何必羡慕喜鹊站上高枝整天提心吊胆？那田间的土豆，脚踏实地，朴实而不失本色，岂非胜过年年不知为谁而生的红药？那自由自在徜徉水中的鸭子，它的悠闲岂是那忧虑失势一落千丈强的凤凰可比？既然做不了高贵的牡丹，我们不妨做一朵野百合，哪怕在寂静的山谷里，野百合也有自己的春天。

不觉抬头，湛蓝的天空泛着蓝紫色的光，悠悠的青鸟从天空中掠过，绿油油的田野翻涌着清新自然的味道，头顶的阳光，像调得不浓也不淡的酒，斟满每朵野花金钟形的酒杯。那一地的琼汁玉液，像是一位怎样奢华的帝王，即将举行野宴。那样的豪华与奢侈，让路过的人都不免自觉寒酸。我心旷神怡，恍若置身于原始风情的"关关雎鸠，在河之洲"……

也喜欢夕阳西下时分，看那些老人满头的白发，傍晚的小区里，都是他们相濡以沫的身影。他们就那样亲密地搀扶着，面容安详、步履缓慢地行进着。他们的白发、他们的身影让我觉得美丽竟可以转化为近在身边的温暖。

更喜欢有月亮的晚上，让清辉夹入书页，书页里，有关西大汉操铁琵琶铜椊板高唱大江东去的大气豪放，有只合十七八少女手执红牙板低吟杨柳岸晓风残月的婉约朦胧，还有那江南雨、杏花巷，乌篷船，杨柳岸，关山月，塞外声……直到枕着蛙声入睡，梦回《诗经》里的那片小洲，梦回那片如流光霞帔的桃林……

人生路上，我们都是匆匆过客，很难诗意地生活在大地上。但我们可以把诗意当作抵御俗气沾染和浊雾蒙心的"精神之火"，当作引领人的灵魂升华的"精神之光"，当作引渡人走向理想彼岸的"精神之舟"。在生活中，我们不一定是诗人，但我们可以在紧张繁忙的工作中抬起头看看蔚蓝的天空中飘过的一朵白云，看西天晚霞的余光在栀子叶上跳跃，聆听山间的清泉、花开的声音，让大自然中的花香鸟语填充我们忙碌而空虚的灵魂。

真正的文化作文应该是关注生活，对生活有自己独特的感悟，立足点与出发点是自己的思考，即使运用到一些文化题材，也是自然引出，并非直接切入，为名人而名人，为文化而文化。

第五辑

高考述评

05

不为得失遮望眼，莫教修芦碍月生

——2021年浙江卷作文的回应与突围

2021年浙江卷作文题如下：

阅读下面的文字，根据要求作文。（60分）

有人把得与失看成终点，有人把得与失看成起点，有人把得与失看成过程。

对此，你有怎样的体验与思考？写一篇文章，谈谈自己的看法。

注意：①角度自选，立意自定，题目自拟。②明确文体，不得写成诗歌。③不得少于800字。④不得抄袭、套作。

一

2021年，浙江卷的作文仍然延续了材料作文的样式：提供三句对同一话题不同看法的材料，由学生综合材料，谈自己的看法，要求上仍然采用"三自"政策，即自主立意、自拟题目、自选文体（诗歌除外）。

先来看题意的理解。

诚然，人生说到底是一场得与失的过程，得到了，我们的付出得到了回报，我们的能力得到了承认，我们的生活得到了改观，我们的人生由此而幸福；失去了，则是另一种情形，我们可能灰心丧气，我们会慨叹命运不公，我们会埋怨生活残酷。得失与否确实是我们生活幸福与否的重要参照。

那么，对于得失，这种理解是必然的吗？这里有必要分析一番得失的概念。

一是对象。可以是幸福、健康，也可以是地位、名声；可以是金钱、荣誉，也可以是功利、富贵；可以是亲情、友情、爱情，也可以是悠闲、恬淡、安宁……不同的对象有不同的心绪与不同的人生。

二是定位。面对陶渊明挂冠封印，有人认为是失去了官位，但陶渊明却觉得是获得了安闲；面对李白赐金放还，有人认为是失去了学士荣耀，但李白却觉得是得到了自由；面对乌台诗案，有人认为是苏轼的人生跌入了万劫不复，但对宋代文坛来说，苏轼却获得了重生的契机……不同的视角可见出不同的胸襟与不同的品位。

把得与失看成终点的，我们往往重结果，轻过程，只以成败论英雄，所有过程和努力一概抹杀。于是，我们的眼中只有刘邦，没了项羽。贫居闹市无人问，富在深山有远亲。于是，我们的社会多了喧闹，少了安宁。于是，我们的大学里多了许多空心人、985废物与精致的利己主义者。这些人的生活正如纪伯伦所说的，我们已经走得太远，以至于忘记了为什么而出发。

把得与失看成起点的，考虑事情"利"字当头，首先想着有怎样的获得，会失去什么，凡事权衡利弊，患得患失。学生眼中只有分数，没了兴趣；企业者眼中只有利润，少了担当；科学工作者眼中只有科技成果，没有人文关怀；在利益得失的驱使下，我们的社会网红走俏、直播喧嚣、抖音泛滥、娘炮成灾。

把得与失看成过程的，行动的唯一指南是得，人生一味向前，汲汲于功利，负重前进，一心一意埋头赶路，却忽略了路上的风景，缺少了行进的意趣。我们的旅游，匆匆赶往目的地，"上车睡觉、下车尿尿、景点拍照、朋友圈一发，什么全忘了"，完全忘记了旅游是让自己匆忙的脚步慢下来，与工作保持适当的距离，让自己与山水对话，让灵魂得以憩息片刻的初衷。

实际上，在我们的一生中，得失是贯穿始终的旋律，有得必有失，不是一切失去都意味着缺憾，不是一切得到都意味着圆满。我们最需要的是一种淡然的态度，让自己明白"心地清净不为道，退步原来是向前"，保有"得之我幸，失之我命"的心态，让自己"得之坦然，失之淡然"，做到"闲看庭前花开花落，坐观天外云卷云舒"。如此，我们才能始终保持一种从容，不急不躁，不疾不徐，走向生命的彼岸。

二

在教育上，我们的学校追求的是一本率、名校率；我们的家长送孩子上奥数班与才艺班，目的是让孩子不输在起跑线上，在学习中能提分与加分；更有甚者，有些家长在孩子刚出生时，就在孩子床头写块牌子：离高考还有6400多天；在这样的氛围中，衡水中学等名校成了家长顶礼膜拜的对象，"天王盖地虎，全上985；宝塔镇河妖，全上211"与"提高一分，干掉千人"响彻很多学校，"我是一头乡下土猪，立志去拱城里的白菜"成了不少学生的远大志向；而在今天的新闻上，我们更看到了众多家长在考场外烧香拜佛，让人恍然间错把学校当成寺庙……在这样的大环境中，我们很喜欢拿一只只鸡以鹰的高标准去培养。

在经济上，我们高喊着以经济建设为中心，却忘记了文明的初衷。上市公司的老总眼中只有利润，他们连庄稼人的耐心都已失去，巴不得今天投入，明天产出；房地产来钱快，不管是做电视的、搞汽车的，一窝蜂涌向了房地产，没有了主业的投入，没有了技术的创新与产业的升级，短视的行为让我们陷入了中国制造的泥淖——只有中低端的产品，缺少竞争力的技术，我们不会忘记，芯片成了中国人难以忘却的痛。在一片片急功近利的喧闹中，有一段时间，我们看不到白云蓝天，只留下那一江污水向东流。

在文化上，我们的很多产业眼中只有票房、收视率等功利的"得"，拼命迎合观众：在内容上，不断挖掘观众喜好的题材，演义、秘史、宫斗、神剧不断上演，一再拉低道德底线与观众的审美水平；在演员上，把颜值放在了第一位，一方面，明星们拿着天价的片酬，另一方面，我们的影视作品质量在不断下滑，情节、画面、色彩、剪辑、道具等粗疏错误之处比比皆是，丑陋的灵魂披上了艺术的外衣四处招摇撞骗，国际大奖仍然是我们遥不可及的冬天的童话。

确实，蒸汽机车打开了通向现代的大门，三百年来，工商业的急速发展使得商品的充盈达到了前所未有的程度。但不幸的是，我们也付出了惨重的代价——人类精神文明的衰败，五千年输给了三百年，在我们太执着于得失之时，哲人被敬而远之，艺术被扔在一边，富翁则成了被追捧的对象。我们的生活中只有房子、车子、票子，我们没有了趣味，没有了星河，没有了月亮，有的只是遍地的六便士。

惠特曼有言，真正的诗人是能感受到天堂的欢乐和地狱的痛苦的。我们的生活除了得失，还有更重要的东西，如对国家、民族、人类，对历史、时代、社会、人民的担当，对自我生命的担当。在科技经济等理性力量占领人文关怀的当下，我们要让自己焦灼与烦躁的心灵有所皈依，让自己多一份恬淡与从容，多一份诗心与禅意，我们要为我们的世界留下一片蓝天白云，为我们的生活留一点烟雨迷蒙的场景与田园牧歌的生活，我们要让自己记得住那片乡愁，找得到回家的路。不为得失遮望眼，莫教修芦碍月生，我们在关心脚下的同时，还要仰望星空。

<h1 style="text-align:center">三</h1>

跟2020年相比，2021年，浙江卷的作文出得相当平稳。其没有像外界猜测的走向全国卷——立足时代、弘扬主旋律的家国情怀主题，仍然是立足思辨，关注自我，尽显浙江文化大省的自信。

首先，外在形式上仍然是延续浙江卷自主命题的一贯传统，分为四方面提示考生：材料、引题、命题、要求，让学生连得上2020年，跟得上节奏，审得懂题意，能保持一颗平常心，对作文题展开全面思考。

其次，内在思维上仍然注重思辨，要思考得失与起点、过程、结果的关系，单写得失、起点、过程、结果都是偏离了题意，需要站在几者关系的角度，对材料展开联系与思考。

再者，思想内核上仍是以"人"为核心，思考生活，反思社会，关注时代，规划人生，可以从价值观层面寻找作文的丰富底蕴。

从发展的方面来说，2021年文题的变化也是明显的。

（一）降低审题难度

最近几年，为了防止考生投机，凸显考场意识，从源头上切断学生的宿构与套作，浙江卷在审题上都设有玄机。这种玄机主要体现在以下两方面。

1. 多概念

2018年的文题是浙江卷自主命题以来最难的一次，坊间传闻全省作文平均分不到37分，除了出乎意料的宏大命题外，更在于其概念之多：浙江大地、浙江精神、务实、知行合一、经世济用、干在实处、走在前列、勇立潮头、与时俱进、浙江文化、浙江故事、浙江传奇，对于考场上的短时审题，学生根本理不清楚那么多概念的复杂关系。2019年，概念有所下降：第一组是作家与读者；第二组由实而虚，将"你"化为作家，辨析"你"创造的"作品"——"你"的生活与读者的关系。其难度在于多概念中夹着比喻修辞，考生容易看走眼。2020年又回到了八个概念：自己、人生坐标、家人、期盼、社会、角色定位、错位、落差，显然，考生要理顺这八者的关系，需花一些时间。而2021年，减少了概念，也没有了比喻手法，降低了审题的干扰。

2. 表述繁杂

对于这一点，浙江卷要多向上海卷与上海模拟卷学习。上海卷的高考表述自不必说，我们不妨看2018上海闵行区的模拟卷：生活中，人们往往在意他人的看法，然而，有时我们要做成一件事，又应该不要太在意他人的看法。对此你有怎样的认识？请写一篇文章，谈谈你的思考。显然，这是浙江卷2019年的出处，但对于这样的表述，学生一眼就能懂。2018年徐汇区高三一模的试题如下：生活中，每个人都被赋予了不同的社会角色。如何看待社会角色所蕴含的社会期待对自己的影响，人们的认识不尽相同。请自拟题目，写一篇不少于800字的文章，谈谈你的思考。这与2020年浙江卷也是神似，但语言干脆简洁，胜浙江卷一筹。

而2021年的浙江作文题，概念降为四个：得失、起点、过程、终点，表述没有修辞，不追求诗意，考生能很快明白命题者的意图。

当然，降低难度并非没有难度，如果考生只是泛泛而谈得与失，没有将之与起点、过程、终点结合起来，也是差之毫厘，谬以千里。

（二）注重自我判断

近年的浙江卷，考生基本上是代人立言：

2016年，考生要做的是从"选择拥抱这个新世界，还是刻意远离，或者与它保持适当距离"中选择一个观点，并围绕选定的观点行文立意。

2017年，考生只能谈读有字、无字、心灵这三本大书对人生的正面作用。

2018年，只能围绕浙江精神对我们人生的影响与意义展开。

2019年、2020年，学生可能需要点辩证：对于读者的呼声，我们要"纳诚以自善，秉己以自立"；对于个体与外在的落差与错位，我们既要"倾听外界"，又要"坚守自我"。

而2021年，得失与三者究竟有没有关系、存在怎样的关系，需要考生自己判断——不但要自己判断，还要根据这个判断确立观点，围绕观点展开行文。显然，命题者抛给学生的是真问题，更能考察学生的识见：考生可以写三句话中的任何一句，也可以超越这三者的限制，进行更深意义上的思考，以显示自己不凡的洞察力。

（三）巧妙观照现实

当下中国，经济高速发展，物质日益丰厚，抗疫取得成功，社会繁荣稳定。但由于惯性的力量，以及社会资源的有限，实用主义仍然根植我们的心灵，我们内心仍隐藏着难以抹去的急躁与焦虑，无论是对物质、精神，还是对现实与理想，我们仍然过于现实与功利，过于纠结人生的得失，对自己生命的真正意义、价值的思索仍然极为稀缺。

所以，解决了面包与牛奶等物质问题后，我们需要静下心来审视一下自我的内心，让自己获得自我生命的欢乐与自由，多些豁达，多些洒脱，云在青天水在瓶，枯者由其枯，荣者由其荣，笑谈红尘，且歌且行，即使身畔是俗世，坚守初心是天堂，让奔跑的脚步慢下来，让灵魂得以跟上。

从表面上看，浙江卷回避了直面社会时政等重大热点主题，但在骨子里仍然是对我们当下的一种巧妙回应，对我们人性的一种观照。除了聚焦新课程倡导的思维能力，还暗合了审美意趣与文化传统。

综上所述，浙江卷作文题在引导学生关注自我、贴近生活、理性思辨的同时，以一种巧妙迂回的方式观照了时代，落实了课标，回归了文化，完成了时代旋律与逻辑思维双重期待的突围，彰显了文化大省的自信，确实是一道不错的文题。

感性与理性并重，现实与理想权衡

——2020年浙江省高考作文述评

一

2020年浙江卷作文题如下。

阅读下面的文字，根据要求作文。

每个人都有自己的人生坐标，也有对未来的美好期望。

家庭可能对我们有不同的预期，社会也可能会赋予我们别样的角色。

在不断变化的现实生活中，个人与家庭、社会之间的落差或错位难免会产生。

对此，你有怎样的体验与思考？写一篇文章，谈谈自己的看法。

注意：①角度自选，立意自定，题目自拟。②明确文体，不得写成诗歌。③不得少于800字。④不得抄袭、套作。

理解题意，首先要理解"人生坐标"这个关键词。先说坐标。"坐标"原为数学名词，是指为确定天球上某一点的位置，在天球上建立的球面坐标系。在坐标前加上"人生"两字，显然指的是我们所处的位置，以及我们所扮演的角色。个体对自己的位置与角色往往有着美好的期盼，其内在指向是理想。这种"位置"与"角色"，在不断变化的现实生活中，个体的期望往往与家庭、社会赋予我们的角色之间会有落差与错位。落差是指个体的定位与家庭、社会期望的角色有高下之分；错位是指个体的定位与家庭、社会期望的角色有方向之别。家庭、社会所期望的角色往往指向现实。如何处理与平衡这种落差与错位是我们写作所要考虑的重点。简而言之，文题是在引导我们思考理想与现实、自我定位与外在期盼的关系。

在立意上，考生可以有以下三种选择：一是坚持自己的人生定位；二是顺应家庭与社会的角色期盼；三是在自我定位与外在期盼之间寻找一种理性的平衡。

以上是对题意的简单分析。如何让文章写得深刻些？我们需要做一些哲学式的追问。

"我"是谁？在自己的人生坐标中，"我"扮演着怎样的角色？在父母眼中，自己是他们身上掉下来的一块肉；在兄弟姐妹中，自己与他们有血浓于水的亲情关系；在教师眼中，自己是传道授业解惑的对象；在同学眼中，自己是风雨三年一起学习的同窗；在朋友眼中，自己是他们人生路上的重要同伴；在陌生人群中，自己与他们只是没有交集的路人甲……

"我"从哪里来？从生命角度而言，"我"来自父母；从地域角度而言，我来自城市或者乡村；从身份而言，"我"是刚要迈出高中、走向大学的学生……

"我"往哪里去？就自己的期盼而言，问题指向理想，包括心仪的大学、将来的职业、人生的规划；就家庭而言，问题指向我们肩负着的父母的希望——是光耀门楣，还是继承家业，抑或是过一种平淡的生活；就社会而言，我们是社会的一分子，我们应该为社会承担怎样的责任……

明了这些，我们才可以深入追问：我们该如何处理自我定位与外在期盼的矛盾？

每个人都希望能实现自己的理想，或当一名科学家、军人、医生，或当个明星、网红。他们有权利选择自己想要的生活。这种生活可以根植自己的兴趣与爱好，也可以出于物质层面的考量，甚至缘于万众瞩目的欲望需求。在一个成熟的社会，我们应该尊重他们各自的选择。

作为子女，作为家庭的一员，个体身上承载了父母的希望、家族的期盼，尤其在我们这个扎根"家天下"的社会，极其讲究亲情的国度，这种外在的要求更为迫切。在这样的环境中，个体的选择势必离不开家庭的因素，我们不能因为高举个性张扬的旗帜，而对这些因素不闻不问，我们需要在两者之间做些抉择，努力达成平衡。

　　但我们更不能忘记，我们每个人都不是一座孤岛，都是古老大陆上的一部分。个体的选择还离不开特定的时代与社会。就当下的国情而言，最近几十年，我们走过了西方需要上百年才能走完的路，取得了举世瞩目的成就：我们的动车走向了全世界，我们的大飞机实现了华丽转身，我们的高架桥成了天下最美的弧线，我们的量子卫星划向了苍穹，我们的空间实验站惊羡了发达国家……但我们也应该看到，尽管祖国的经济在高速发展，但在可持续发展方面还有很多工作需要去做；尽管祖国的科技在日新月异，但在尖端技术方面，我们与一流国家尚有一段距离；尽管我们的文艺表面一片繁荣，但我们还缺少一些大师级的人物。前些年的中兴通讯事件则暴露了我们制造业的种种困境：核心技术受制于人，高新技术缺乏创新，科研投入严重不足，创新机制严重滞后，创业家浮躁功利，地方政府过于注重数字……所有这些，我们青年学子责无旁贷，我们的人生定位要与时代社会的需求紧密结合。

　　或许正是基于这样的事实，我们的国家推出了强基计划——选拔培养有志于服务国家重大战略需求且综合素质优秀或基础学科拔尖的学生，这既是对以往优秀人才过于集中于金融、管理等专业的一种纠偏，又是对人才培养在个人需要与社会需要间达到平衡的一种国家层面的调控。

二

　　以上是个体定位与家庭、社会期盼的落差与错位的理想状态的平衡。而社会往往是复杂的，在实际情形中，这种落差与错位还有可能体现了人生观、价值观的激烈碰撞，我们不能做出非此即彼的简单选择。

　　在功利喧嚣的今天，有时候，我们的家庭与社会舆论会滑向功利的泥淖——人们更看重的是外在层面的东西，如考上了什么大学、拿到了什么学位；工作以后，则将眼光更多地投向评上了什么职称、得到了什么荣誉、获得了多少财产。确实，日常的家庭聚会或同学聚会中，我们更多听到的是谈论子女在哪里工作、拿多少工资、混到什么级别；很少有人关注这是不是你喜欢的工作、你为社会做出了什么贡献，而这些东西极有可能背离了个体最初的人生坐标。

诚然，职称、荣誉、级别、薪金从某个方面昭示了个体对社会的贡献，别人这样的看法有他的合理性，但一味以别人的看法确定自身的价值，易陷入攀比的沼泽，以及功利的深渊，会使整个社会走向浮躁。最近几年，我们看到了这样的困境：一方面，明星上天，网红走俏、抖音泛滥，金融专业人满为患，精致的利己主义者大行其道；另一方面，英雄伟业无人问，法律尊严任践踏，江山常负英雄泪，利剑长空靠一边。长此以往，我们的社会正如尼采所说的，上帝已死。人们会变得不再相信，不相信信仰，不相信正义，我们的社会将会出现越来越多的空心人。

常怀想古代的知识分子，他们不为良将，便为良医，追求的是付出，是对社会的奉献，而不在意自己得到了什么，不在乎身外之物，不在意他人的眼光，不在意世俗的评判。廉颇不讳犯颜，要求请立太子；于谦粉身碎骨，也要迎回太上皇。他们知道自己在干什么，知道正确看待自己想要的追求。

更想起先辈，只为高贵的单纯和静穆的伟大，不在乎世俗，不在乎所谓的功业。陈寅恪十余年留学，不为外在的文凭，只为自身学问的获得；曾昭抡对着电线杆说话，拿着雨伞淋成了落汤鸡，用煤铲盛饭，他们倾注整个身心，只为生命的自足存在。身畔是俗世，初心是天堂，他们永葆身上那颗可贵的赤子之心。

惠特曼有言，真正的诗人是能感受到天堂的欢乐和地狱的痛苦的。这话同样适用于那些先辈，他们追求的是内心，他们看重的是对自我内心的审视，用费孝通的话说，他们的生活里边有个东西，比其他东西都重要，那就是"匹夫不可夺志"的"志"。这既是对国家、民族、人类，对历史、时代、社会、人民的承担，更是对自我生命的承担。在他们的眼中，越是社会道德失范，知识分子就越应该承担精神坚守的历史责任。心事浩茫连广宇，在与宇宙、国家的对接中，他们更获得了自我生命的欢乐与自由，成就了"星斗其文，赤子其心"，这才是生命的大自在，这才是本质层面的东西。

哲人说：认识你自己。我们在认识自己时，过于看重世人的眼光，以及外界的期盼——那些一时之名利。对自己生命的真正意义、价值反而不关心，这恰是极不负责任的行为，我们无法享受到生命的真正欢乐。正如钱理群先生所说的，"自己对不起自己"，这才是真正的大问题。

一代人有一代人的长征，一代人有一代人的担当。我们需要站在家国情

怀的高度，树立正确的价值观，处理好小我与大我的关系，让自己的人生坐标与家庭与社会的期盼产生正能量共振，让自己的人生抉择从必然王国走向自由王国，这样才不负命题者的苦心。

三

2020年的作文题，考虑疫情的因素，最大可能地实现了稳定性。

在题面表述上，继续了浙江卷十六年的命题传统，仍由四部分构成：材料、引题、命题、要求。详见前文。

材料：每个人都有自己的人生坐标，也有对未来的美好期望。

在内容取向上，仍然站在考生的立场，以关注人为核心，将考生置于更大的空间审视自我，走出狭隘的个人空间，思考自我与他人的关系。

在内在思维上，仍然重视浙江卷的思辨特色，2019年思考个体生活这部作品与他人读者的关系，2020年则思考个体定位与外界期盼的关系，倡导学生在写作中养成辩证思考的习惯，打下理性思辨的底子。

但仔细考察文题，2020年也出现了一些积极的变化。这主要体现在以下几个方面。

第一，指向课程落地。文题顺应了新课程、新课标高中阶段教育要"建立学生发展指导制度"的要求，在高考这个重要人生关口，让学生思考未来，规划人生，这是对新课标落地考试的一次有益尝试。

第二，彰显立德树人。在展望自己的人生愿景时，学生往往关注的是学科的成绩、自己的兴趣、就业的前景、物质的获得等层面的因素，而容易忽视家庭的期盼、父母的诉求，更易忽视国家的需要，没有将个人的职业规划与国家的前途命运紧密结合，未能考虑中华民族的伟大复兴，缺少大智慧、大气度、大胸襟。而这次文题则是对这种状况的有力扭转，能引导考生提高站位，思考国家与民族的未来，处理小我与大我的关系，这恰是对立德树人理念的很好落实。

第三，扎根现实土壤。当下社会瞬息万变，各种声音纷涌而来，置身其中，难免被裹挟。加上后疫情时代，心理问题蔓延，极端事件时发，命题者意在让考生走出自我，思考理想与现实、个体与群体的关系，与现实对话，与生活讲和，以调节自我，让自己的心理走向积极健康。

第四，贴近考生体验。身处考场，十多天后，马上就要选择自己的大学、专业，而这恰好是高三学生一直在思考的问题，如何让自己的选择与家庭、社会的期望吻合，两者之间如何权衡，对于这些，考生有真切体验，有话可说，可理可议，有情可抒。

这种稳定性还体现在话语的呈现上。文题题面简易，给考生提供了真实的写作境界，考生容易"进得去"，但如何"理性地表达，负责任地写作"，如何"立得住""挖得深""出得来"，考生还需要有明确的观点、独特的思想、清晰的概念、严谨的逻辑、哲理的思辨、理性的表达、规则的范式、信实的论述。

综上所述，2020年的浙江作文题在落实课标理念、贴近现实生活、关注时代社会、切近学生心理、重视理性思辨、渗透家国情怀、彰显立德树人等方面有自己的追求。这种追求给考生规定了真实的情境，既能很好地考查考生的逻辑能力与哲学思索，又能很好地起到反猜题反套作的作用，确实是一道高质量的文题。这种探索值得继续。

精准把握，高效应对

——从2019年浙江高考看作文备考

2019年浙江高考语文作文题如下。

阅读下面的文字，根据要求作文。

有一种观点认为：作家写作时心里要装着读者，多倾听读者的呼声。

另一种看法是：作家写作时应该坚持自己的想法，不为读者所左右。

假如你是创造生活的"作家"，你的生活就成了一部"作品"，那么你将如何对待你的"读者"？根据材料写一篇文章，谈谈你的看法。

注意：①立意自定，角度自选，题目自拟。②明确文体，不得写成诗歌。③不得少于800字。④不得抄袭、套作。

材料有三句话：第一句意为作家要多听读者的呼声；第二句意为作家不为读者左右；第三句则由实而虚，将"你"化为作家，"你"如何创造"作品"——"你"的生活是多听读者呼声，还是不为读者左右。

文章在审题上有一定难度。

首先，这种难度表现为人们喜欢按惯性思维走：作家多听呼声，还是不为读者左右，下面的一句往往是"你"怎么看待，接着的文字很容易被忽视。

其次，作文的难度还表现为，在一般的思辨者眼中，"多听呼声"的反面应该是"不听"或是"少听"。"不为读者所左右"则有三种可能：一是听了，但不被左右立场；二是可能听进一些，但"读者"没有操控"我"的立场；三是可能没听进去。显然，这两者的关系跟2017年的"有字""无字""心灵"之书一样，并非合乎严格意义上的逻辑关系。

剔除了上述意思，若从命题者的意图来看，题目旨在让考生思考：我们的生活是多听他人的意见，还是不必为他们所左右。通俗一点地说，就是我们是顺应本心做自己，不委曲求全；还是活在他人的目光与评价里，为了别人而改变自己；抑或是第三条道路，倾听他人声音，择其善者而听之，其不善者而弃之，做一个兼听则明的人？

人与人之间相互交融，相互影响；人与社会、时代共生，互为渗透。这一道理正如鲁迅先生所说，无穷的远方，无数的人们，都和我有关。正因如此，我们需要借助它山之石，攻己之玉，像唐伯虎那样，"四海资身笔一支"，走遍天涯，吸收他人之长处；像杜甫那样，"转益多师是汝师"，唯有如此，方能"别裁伪体""亲近风雅""追攀屈宋"。相反，自以为是，自我封闭，自我放逐于时代与社会，除了孤芳自赏，我们很难有开阔的眼界。冰心先生说得好：墙角的花儿，你孤芳自赏时，天地就小了。

当然，我们在将读者提高到卡夫卡式的"判官"的同时，也要给这判官设置几个前提：一是秉持着清醒与镇定，不能以个人的好恶来判定，不能带着情绪下结论，不能将自己的观点强加给他人，毕竟"一千个读者就有一千个哈姆雷特"；二是有相当的识见与修为，对于那种坐到台上就以为是无所不能的读者，我们完全是可以一笑置之的，毕竟很多东西不是他们的专业；三是注意区分不同阶层不同民族的习惯，因为亚历山大是难以理解第根欧尼的阳光的，而贾府的焦大与林黛玉的多愁善感完全来自两个不同的世界。

而且，这里有个度的问题，乔布斯有言："不要让他人的观点掩盖你内心的声音。最重要的是，要有勇气追随自己的内心和直觉。"而现实的情况是，我们往往接受"读者"的干预太多：孩子成长之路上，父母这位第一读者几乎掌控了孩子的人生轨迹：从尚在娘胎的胎教到重点小学、重点中学、大学专业的规划，从才艺发展到奥数训练，再到兴趣培养，孩子成了父母的牵线木偶，走着父母规划好的人生。而在我们的学校教育中，这种状况也是比比皆是。

这种"木偶人生"使得我们孩子的人生一直在追随别人的步伐，其结果是他们会像《无问西东》的吴岭澜经历的那样，当有一天远离人群、独自思索时，他们会反躬自省：我的人生到底应该怎样度过？黑塞曾告诫人们：

"世界上最让人恐惧的恰恰是通往自己的道路。"我们如何保持梅贻琦老师所说的"从心灵深处满溢出来的不懊悔、也不羞耻的平和与喜悦"？在当下这个盛行被规划的年代，我们更需要遵从内心，聆听发自内心的真实。

换言之，听从他人与遵循内心并不矛盾。一味地遵循内心，排斥他人，"走自己的路，让别人去说吧"的结果是我们会变得自傲、自封，我们的思想会变得狭隘，我们的思维会变得单一。以色列人说得好，"两个犹太人有三个脑袋"，个体之间的观点只有进行强烈的碰撞，我们的思想才会不断地得到修正与发展。同样地，一味地听从他人，自己的头脑成了别人的跑马场，或盲目地跟风，或妥协地跟进，我们会变得自轻、自贱，我们的人生少了奋斗的乐趣，少了路上的风景，这样的人生还有何意义？

所以，在前进之路上，我们需要有主见，有自己的辨别，要能够判明"读者"意见的正误，明了其背后的动机，汲取其正确的成分，让自己在他人的眼光与自己的内心间架设一架天平，从而找到平衡点，让自己走得自在、坦荡。只有这样，我们才能做到"身畔是俗世，生活是天堂"，我们生活这部"作品"才是有趣味的、有价值的。

综上所述，此次立意主要有三类：一是坚守自我，不受他人影响；二是倾听他人意见；三是坚持自我与倾听他人辩证统一。当然，对文题提出质疑并能自圆其说的也可视作正确立意。

每年伴随着作文题的出炉，都会有各种不同的声音，作为课程改革省与文化大省，浙江卷的作文题更加引人注目。这里笔者不想参加讨论，只想就浙江卷作文题的传承与变化谈谈自己的看法，希望读者们对今后浙江卷的命题方向有个大概的认知。

审视2019年浙江题，稳中有变仍是主基调。

先来说稳。

一稳在于继承传统。浙江卷的传统有以下两方面。

一方面是思辨特色。自浙江卷自主命题以来，这个特色一直没有变过，自2004年起，从人文素养与发展、一枝一叶与一世界，工作与休息、行走与消逝、都市与乡村、绿叶与根、施教者与受教者、物理时间与生命时间、鼓掌者与奔跑者、童真世界与成人世界、大学的门与路、作品与人品、虚拟与现实，直到前两年的有字之书、无字之书与心灵之书，浙江精神与浙江故事、浙江传奇，以及2019年的"作品"与"读者"的关系，都在引导考生思考一组或多组概念的关系，让考生在写作中尝试辩证思考，以引导中学作文教学养成思辨的习惯，这确实是命题者的一片良苦用心。

另一方面是人文底蕴。如果说，思辨特色属于技术形态层面，那么，人文底蕴则是关涉内涵素养层面，更不好操作。但从浙江卷2018年的自主命题实际来看，命题者在这方面还能做到把控自如的。人文素养、都市与乡村、绿叶与根、作品与人品、三本大书内容直接与人文底蕴相关；一枝一叶、行走与消逝、童真等在哲理思考与表述中打入了人文底蕴；而生命与休息、我的时间、大学的门与路、浙江精神则在文句中充满了诗意与文化色彩。而2019年的"作品"与"读者"，除了内容直接切入文化，其表述上兼用象喻手法，引导考生思考两者的关系，体现了浓郁的内涵素养。

二稳在于题面表述。自主命题的2018年，尽管浙江卷选用材料无法捉摸，有名言，有歌词，有诗句，有统计数据，有社会现象，有传统文化……但其题面表述几乎是一以贯之的，分别由四部分组成：材料、引题、命题、要求。2019年仍由四部分组成，具体分解如下。

材料：有一种观点认为：作家写作时心里要装着读者，多倾听读者的呼声。另一种看法是：作家写作时应该坚持自己的想法，不为读者所左右。

引题：假如你是创造生活的"作家"，你的生活就成了一部"作品"，那么你将如何对待你的"读者"？

命题：根据材料写一篇文章，谈谈你的看法。

注意：①立意自定，角度自选，题目自拟。②明确文体，不得写成诗歌。③不得少于800字。④不得抄袭、套作。

为了让学生容易接受，每年命题语言的制作都大同小异："根据材料写一篇作文，谈谈（阐述）你的看法"，要求仍然是"三自"政策，文体要求，字数要求，不得抄袭、套作要求。

这种稳定有利于学生心态的稳定与应试的发挥，确实是很有必要的。

再来说变。

一变在于话题转向。2018年，有关浙江精神文题向全国卷方向靠近了一步，注重"大我"，思考人与社会的关系，注重家国情怀的抒发，时代色彩浓郁，要求学生把握时代脉搏，在作文中打入责任与担当等宏大主题，打了个许多考生措手不及。于是，翻开各地联考卷、模拟卷，触目所见皆是××语录、××用典、××说，全部一个调子奏响最强音，唱响主旋律，"青春""奋斗"主题满天飞。这对学生写作综合能力的提高具有明显的负面影响。或许是察觉到了这一点，2019年的作文题迅速转身，由人与社会转向人与自我，由家国精神转到自我审视，这对迅速扭转中学作文教学的不良做法有着一定的积极意义。

二变在于时代站位。题意中的创作"作品"说到底就是引导学生思考如何规划自己的人生。而这一点恰好与新课程强调的生涯规划有着内在的一致性。新课程强调学生自主选课，学会自我规划，但我们做得最差的恰好是这一方面。归纳来说，我们有几个误区：误区之一是学校替代了部分学生规划，学校根据自己的教室、教师、设备等情况，以及自己对全省各校通过田忌赛马式的摸排与估算，提供了学校指定的套餐，学生的自主选课根本无法满足；误区之二是家长替代学生规划，我们的学生对专业、工作等认识比较模糊，最终，家长根据发展前景、家族资源与薪酬情况等，替学生做出选择；误区之三是功利化的影响，学生的规划不是自己的兴趣，不在为国家社会做多少贡献，实现自己的人生价值，而是考量将来从事的工作能获得多少名利，取得多少薪酬。这与先贤们倡导的遵从内心境界相去甚远。让考生在高考这样庄严的场合思考自己的人生，这是时代的需要，也是拷问学生心灵的必须。

综上所述，尽管2019年的作文命题在逻辑上有一点瑕疵，但总体上的探索是成功的，有利于高校人才的选择与中学作文文风的扭转，并体现了浙江命题的一贯特色，不失为文化大省的担当。

在宏大叙事与个人使命间寻求平衡

——评2018年浙江高考作文命题

　　浙江高考作文题出来后，媒体很是热闹了一阵子，只是稍加梳理会发现，批评大于肯定。斥责声最多的是过于政治化，与当前热点靠得太近，缺少语文味，更像是一篇申论。而在笔者看来，这些评论有失公允。

　　高考作文命题在本质上也是写一篇命题作文。

　　与考生写作不同的是，考生的"舅姑"只有一类：全省为数不多的作文阅卷组中的两人或者三人（双评，少量要三评）。

　　而对于命题者而言，他们的"舅姑"则有很多种类。

　　一是教育部，早在3月3日，教育部考试中心主任姜钢、党委书记刘桔便在《中国教育报》上发表署名文章，给高考命题"定调"，其核心观点是：用党的十九大精神统领高考命题工作，全面落实立德树人的要求。

　　二是考生，高考面向全省，涉及各个层次的考生，审题不能过难；高考又是选拔性考试，必须有一定的区分度；高考对象是高中生，需要考虑学生有一定的体验，能或多或少说出自己的见解。

　　三是教师，尤其语文教师，辛辛苦苦三年，靠一张试卷检验，他们对其中有半壁江山之称的作文题的期望可想而知。对于命题者而言，为了令这些教师信服，为了公平，不能命考过的，不能命过偏的，而浙江卷还有一个优良传统——防止套作，尽量从现实现象中取材。这些限制使得命题的空间极为逼仄。

　　四是家长以及其他公众，高考作为目前选拔人才最为客观、公正的一种制度，其一举一动都牵动着千家万户的心。而在信息社会，这种关注度又在无形之中被放大。公众对数学、物理、化学、英语等学科可能一窍不通，但唯独对语文，每个人都觉得自己是个专家，都可以像鲁镇上的女人们一样，对祥林嫂品头论足一番。以前笔者就碰到一个家长，是个行政官员，在家长会上，对笔者这个语文教师"诲人不倦"：语文应该怎么怎么教。

在这四条绳索的捆绑之下，其命题难度可想而知。众所周知，参与高考命题的都是省内有名望的专家。笔者朋友圈中就有两三位大咖近个把月没更新动态，不说也知道，那是命题去了。而命作文题的，因为关注度更高，所以更是大咖中的大咖。但即使是宇宙之王，也只能身处果壳之中，在这不大的壳中，他们还要承担起做道场的任务。

命题者的更难之处还在于，在这样的困境下，还要戴着镣铐跳舞。具体来说，浙江作文的镣铐有三重：文化、思辨与地域特色。这是浙江自主命题以来的一贯传统。种种的命题限制中，相信命题教师的心理情感会像高考作文出来后，往届学生通过漫画表达的"幸亏哥早一年考了"一样——为什么我不参加早些年的命题呢？

在这样的大背景下，站在客观的立场讨论浙江卷的命题，笔者认为，浙江命题专家交上的作文答卷还是差强人意的。我们不妨结合三重镣铐做些分析。

先来看第一重镣铐：文化。

材料的第一句"历史上孕育过务实、知行合一、经世致用等思想"中，"务实"就是讲究实际、实事求是。这是中华文化中较早形成的一种民族精神。孔子不语"怪、力、乱、神"，注重的就是社会的实际生活。王阳明《传习录》说："名与实对，务实之心重一分，则务名之心轻一分。"这些思想就是中国文化注重实务、崇尚实干精神的体现。这种精神排斥虚妄，拒绝空想，鄙视华而不实。务实精神作为我国的传统美德，在我们当代生活中仍具有现实意义。

"经世致用"一词，"经世"最早出自《庄子》"春秋经世，先王之志"，"致用"出自《周易》"精义入神，以致用也"。明清之际，思想家王夫之、黄宗羲、顾炎武等发展了这种学说，他们认为，学习、征引古人的文章和行事应以治事、救世为急务，反对当时的伪理学家不切实际的空虚之学。这种观点对浙江乃至中国的文化都产生了重大影响。

"知行合一"是王阳明"心学"的核心观点，这里的"知"就是指知善知恶的良知。按王阳明的说法，先有"致良知"，而后有"知行合一"。王阳明认为，知必然要表现为行，不行则不能算真知。王阳明将这种知概括为"四句教"："无善无恶心之体，有善有恶意之动，知善知恶是良知，为善为恶是格物。"可以说，"致良知"是王阳明心学体系中最成熟的部分。

这三句话共同指向的是务实、实践、实干，反对的是虚妄、空想、浮华。这与十九大以来国家领导人提出的"空谈误国，实干兴邦""撸起袖子加油干"等精神有着内在的一致性，与浙江"山海精神"中"山"的精神也是吻合的。

至于材料中的"干在实处、走在前列、勇立潮头"一句，取自习近平总书记在2016年"G20杭州峰会"结束之际，对"浙江精神"的概括，是浙江地域文化个性和特色的表达，既扣住了文化，又合乎教育部的定调。

接着来看第二重镣铐：思辨。

如果说，文化是浙江作文命题的重要内涵，那么，思辨则是其最为显著的外在标签。自2004年自主命题开始，从"人文素养与发展""一枝一叶与一世界""工作与休息""行走与消逝""都市与乡村""绿叶与根""施教者与受教者""物理时间与生命时间""鼓掌者与奔跑者""童心与成人世界""大学的门与路""文品与人品""虚拟与现实""有字之书、无字之书与心灵之书"，一直到2018年，浙江卷作文一直行进在思辨的道路上。

上文已分析了思辨中的第一个关键词"务实"，再来看第二个关键词。作文材料归纳起来主要有三句话：历史上，浙江孕育了务实、知行合一、经世致用等思想；今天，浙江形成了"干在实处、走在前列、勇立潮头"的浙江精神；站在新起点，我们需要对浙江精神进行重新的思考。显然，浙江精神有着传承关系，主要继承的是务实；随着时代的发展，衍生的是"前列""潮头"。显然，这里的第二个关键词就是"前列""潮头"背后的开拓。

如何阐述两者的关系？首先，务实是成就事业的根基，无论是我们的工作与事业，都必不可少。如果留意浙江发展轨迹，我们能举出很多例子：如宁波人精神、温州人精神、义乌人精神、台州人精神、嘉兴人精神。比如宁波商人的实诚；台州商人的实干；而嘉兴，自己不生产羊毛，硬是办起了全国最大的皮革城。再把眼光放至国外，王阳明的思想传至邻国日本，直接催生了明治维新，使日本走上强国之路。蒋介石曾经感慨：中日的差距，就在一个王阳明。如果我们都能像东乡平八郎一样，"一生俯首拜阳明"，将王阳明先生的"务实"精神落到实处，何愁事业不发达，经济不发展，国家不兴旺？

当然，在当今瞬息万变的时代，单有务实精神还是远远不够的，我们更需要一种开拓进取的精神，让自己勇立潮头，走在时代前列，引领浙江乃至中国走向更广阔的天地。从鲁迅、周恩来的走出国门，寻求救国救民之路到蔡元培与竺可桢的放眼看世界，以新思想推动北大与浙大的发展……这种开拓进取精神一直在浙江人身上流淌着。

这种开拓进取精神实质是一种创新。以前的浙江人民秉承着勤劳踏实的品性，但就创造的财富而言，极为有限；现在的浙江人民走出国门，将超市开遍全世界，他们打破常规，整合资源，利用先进技术作为平台，从支付宝、微商、网购，将自己的视角通过网络，延伸至全世界，开创了发展的新局面。

再来看第三重镣铐：浙江元素。

材料里浙江元素非常丰富，这里试举三个做些分析。

一、浙江文化

浙江的文化天空群星璀璨，历来是中华文化重镇。"右军书法东坡诗"，右军王羲之的书法是天下第一行书，东坡在杭州除了留下了苏堤之外，还留下了许多诗歌，给杭州抹上了浓墨重彩的一笔；徐文长在历史星河中留下了"绍兴师爷"的美名，其诗书画倾倒了无数后人；郑板桥更有"青藤门下走狗"的说法；心学大师王阳明更是成为中华文化史上"立功立德立言"三不朽的第一人；"日月双悬于氏墓，乾坤半壁岳家祠"，张煌言的诗句让岳（飞）于（谦）双少保与西湖三杰的忠贞之名刻在了每个浙江人的心中；此外还有现代文学旗手鲁迅、武侠文学巨擘金庸，以及许多国学大师、文学家、教育家、艺术家们，如王国维、章太炎、茅盾、丰子恺、艾青、陶行知……他们真正践行了"为天地立心，为生民立命，为往圣继绝学"的文化使命。

二、浙江故事

故事的主人公有古代的：大禹治水，三过家门而不入；十年生聚、十年教训的勾践，卧薪尝胆，三千越甲气吞吴；"以身许国有万死，一生不幸是婚姻"的陆游，在山阴的沈园留下了凄婉哀绝的故事；那"一腔热血勤珍重"的鉴湖女侠，在秋风秋雨中战斗到生命的最后一刻；还有徐志摩那作别康桥与日本女郎的温柔；郁达夫迷失于春风沉醉晚上的爱情；弘一法师在出世与入世间笑看"华枝春满，天心月圆"的释然……这些故事在文化氤氲中沾上了江南的婉转与温柔，染上了浙江文化的底色。

三、浙江传奇

浙江的传奇主要体现在实业上，百年老店胡庆余堂、方一仁堂等彰显了勤勉实干、诚信经商的浙商传统；当历史的车轮进入到20世纪，当改革开放的春风吹拂神州大地，浙江人凭借自己的实干与智慧，很好地践行了习总书记所总结的"干在实处、走在前列、勇立潮头"，梁信军白手起家，与郭广昌共筑了复兴实业大厦；汽车大王李书福以一次次的大手笔，书写了一个大写的民族汽车品牌；还有万向集团的鲁冠球、娃哈哈的宗庆后、阿里巴巴的马云……他们敢为人先，开拓创新，创造了一个又一个浙江传奇。

再回到开头人们所批评的，作文能不能与当前热点挂钩？答案显然是肯定的，早在一千多年前，白居易就高举"文章合为时而著，歌诗合为事而作"，主张文学应反映现实，留下了大量脍炙人口的诗篇。而对于考生而言，要求他们具备家国情怀有何不可？就立德树人层面而言，个人理想和祖国的命运是紧密相连，不可分割的。个人的理想只有同时代和国家的发展结合起来，用自己的知识和本领为祖国人民服务，才能使自身价值得到充分实现。就浙江卷而言，命题者确实在努力追求"彰显宏大主题与贴近考生实际相结合，以厚重感与鲜活性兼具的材料、新颖而灵动的形式，直观而巧妙地反映时代精神，正面而策略地传递价值观念"（教育部某命题专家语）。

综上所述，虽然命题专家是戴着镣铐在跳舞，但以客观的眼光来看，这一曲舞跳得是成功的，尽管取材方向与之前大相径庭，但至少传递了一个信号，需要我们今后去详加关注。

211

第五辑 高考述评

字里乾坤大，书中日月长

——2017年浙江高考作文题评析

一

一个人的精神发育史就是一个人的阅读史；一个民族的精神面貌在很大程度上取决于全民族的阅读状况。遗憾的是，阅读这一向被认为是"最最平民化的贵族"的活动在我们当代却不容乐观。

记得是2016年，有一篇网传文章刺痛了中国人的神经，文章借印度工程师的眼睛谈"不爱阅读的中国人"：在机舱熄灯之际，中国人忙着打游戏或看电影。在许多公众场合，我们看到的是国人打电话（大声谈话）、低头发短信、刷微博或打游戏的身影。

无独有偶，大概是2014年，中国出版科学研究所第二次发布了"全国国民阅读调查"，其结果显示，我国国民图书阅读率连续六年持续走低。那一年，我们的人年均读书0.7本，与韩国的人均7本、日本的40本、俄罗斯的55本、犹太人的64本相差悬殊。

再来看阅读重镇——学校的情况。有人说，我们的浮躁之气正弥漫在整个中国的校园。各种考核、评奖、争项目、夺排名，目不暇接，以致师生们没有了认真读书思考的时间。确实，我们的大学生，这个寄寓着民族希望的群体，很多都忙于考级、考证、考研、考出国……对待书本，他们无法沉潜把玩，只满足零敲碎打。这样的状态是很难有大智慧，很难出大成果的。

"五四运动"的时候，蔡元培在把被捕的北大学生营救出来后，留下一句"杀君马者道旁儿"，就离开了北京。其意是，对于骑快马的人而言，道旁观众越是喝彩，你就越快马加鞭；马被催得越跑越快，最后气绝身亡。我们这个时代浮躁之风越演越烈，与蔡元培那个时代相比，似乎有过之而无不及。

旧时吴越国王钱镠写给他探亲归家的王妃说："陌上花开，可缓缓归矣。"墨落笔纸，道不尽的悠长意味。我们的阅读与研究是最有情怀的学问，追求的应当是启示，而非急功近利。我们也需要"缓缓"，需要多一点耐心，多一点从容。

可悲的是，在外国人眼中，我们的国人不是喧嚣地忙碌，就是孤独地忙碌，缺少的恰是一种满足的安宁。是缺少阅读，让我们的心灵少了宁静，少了充实。笔者想起一位学者的告诫：一个社会到底是向上提升还是向下沉沦，就看阅读能植根多深；一个国家谁在看书，看哪些书，就决定了这个国家的未来。套用作家郁达夫评论鲁迅先生的话，我们可以说，一个不爱读书的民族，是没有希望的民族。

二

有了这样的背景，浙江卷的作文命题可以说是出于对国民素质的一种忧虑，对民族前途的一种担当。关于"有字之书"与"无字之书"，习近平总书记五四前夕在合肥主持召开知识分子、劳动模范、青年代表座谈会上这样论述：青年们要"既多读有字之书，也多读无字之书，注重学习人生经验和社会知识"。要"坚持知行合一，注重在实践中学真知、悟真谛，加强磨炼、增长本领"。

显然，这里的"有字之书"指的是我们平时读的各类书籍，能让我们获取的是书本知识。当然，单读"有字之书"是不够的，我们中的不少学生"两耳不闻窗外事，一心只读教科书"，至于课外的书籍，除了喝过几碗"鸡汤"，阅读极为逼仄，大部分读的是"零碎之书"——微信、报道、杂志或者是各种新媒体展现的材料，阅读呈现出了碎片化、肤浅化、娱乐化的倾向。这种"偏食"的结果只会产生许多"大头娃娃"。

无数事实表明，这种阅读使得我们培养出了不少"高分低能"的孩子。2014年初，中央电视台《对话》节目曾邀请中美两国即将进入大学的高中生参与试验，在价值取向与制订对非洲贫困儿童的援助计划两个环节的考察中，中国学生完全与社会实际脱钩，眼光局限；而且欠缺整体意识，除了才艺展现，就是书本上的知识。我们几乎完败给了美国人。

所以，我们更需要读"无字之书"，古人云："读万卷书，行万里路。"我们需要引导学生走进自然，通过观察宇宙天地中的万物万象，读出书本上学不到的知识，感悟出人生哲理。陆游诗云："纸上得来终觉浅，绝知此事要躬行。"我们还要走进社会，参加一些实践经历，以获取人生阅历，增长知识才干，懂得一些为人处世之道，以提高自己各方面的能力，也即习总书记所说的让学生在社会实践中通过"躬身实践"而"加强磨炼、增长本领"。

实际上，"有字之书"与"无字之书"是可以转化的，"无字之书"中的经验经过提取、概括，可以写进"有字之书"，当作经验传授给读者；"有字之书"记载的道理也需要到"无字之书"中去体验、去深化，才能真正为读者所接受。在这方面，明代的唐寅有很深刻的体会，他在诗中这样写道："百年障眼书千卷，四海资身笔一支。烟水孤篷行万里，醉写山川狂作诗。"

再来看第三本书。所谓"心灵之书"，按照"三本书"的提出者卢新华的观点，是经常地、反复地、不间断地阅读"自己的心灵"，也即经常"反躬自省"，"求诸己"，做到曾子所说的"吾日三省吾身"。在中国的传统文化中，向来"为学"与"为道"是合一的，而且，就层次来说，"为道"是第一位的。所以，阅读最终追求的是内化的过程，让自己的心灵臻于完善。

如果说，三本书中，前两本是实，那么，后一本即为虚；前两本是外在，后一本即为内化。从前两本书的阅读到"心灵之书"的阅读，是由实而虚、由外而内的过程。这种阅读实际上在叩问自己的心灵，它观照的是人的品德、精神层面，指向人的个体心灵和精神的成长。就关系而言，前两本书是基础，为后一本"心灵之书"的阅读奠定基础，最终促成人的心灵和精神的发展。

三

"三本书"的文题触及了当下以功利、娱乐、技术为主导的阅读困境，旨在引导学生在多种读书中学会做人处世，学以致用，并努力走入精神、灵魂的深处，切入了阅读的本质。这对当下不读书、读死书、快乐读书、消遣读书等不良现象是一种极好的反拨，有着很强的现实意义。

这里我们不妨与2016年浙江卷"虚拟现实"话题的讨论做一些比较。

从内容上看，两者思考的都是"人与存在"的问题。所不同的是，前者注重技术与人文的关系，后者注重阅读与心灵的关系。从哲学层面来说，2017年的文题涉及了"我到哪里去"的终极关怀，在命题上是一种前进。

从文体上看，作文命题保持了相对的稳定性，仍着重考查论述类文章，虽然文题对文体无显性规定，却有隐性的指向："对此你有什么思考？写一篇文章，对作家的看法加以评说。"这种"论述类"导向符合浙江省高中教师和学生的心理预期，体现了命题稳中有变的特点。

从思维品质上来看，2017年的作文题较之2016年，也有一个明显的进步。如果说，对三种书的理解、感悟是侧重感性层面的写作的话，那么，评说——对三者关系的分析、评论则注重理性层面的写作。这种方式的命题既注重了学生个体真正的生命体验，又兼顾了学生思辨能力的考查，能见出考生的整体思维能力，凸显了命题者的苦心与匠心。

笔者曾对2016年的作文题做过这样的评述："古代的才子文章，在理性与实证一端固然暴露出其不足；但在另一端，却是精神的充盈，诗性的弥漫。这启示我们，作文命题不但要关注技术，关注理性，更要有一种人文情怀，带点感性色彩，以此促成考生心灵的养成，让考生的精神得到洗礼，让他们的灵魂有所皈依。理想的试题，应该是理性感性交融，让考生自如地游走于现实世界与精神世界。"（参见2016年《中学语文教学》第7期）确实，2017年的作文题既有感性的观照——"有字之书""无字之书"以此为主，又有理性的渗透——"心灵之书"以此为主。而"评说"的要求则强化了理性要求，能很好地帮助学生自我体认与反思。这种交融的思维在现实世界与精神世界搭起了一座桥梁，学生可自由出入，畅谈自己观点。这对于不同思维取向的考生都能提供展示自身长处的平台，能较大程度地实现考试的公平。

当然，从严谨的角度来说，"有字之书""无字之书""心灵之书"这三者是不能并列的。首先，从哲学上言，"有"与"无"是两个对立的概念，这与心灵的概念不在同一维度上；其次，无论是"有字之书"，还是"无字之书"，都可能触及人的心灵，借以帮助我们完善心灵，与"心灵之书"构成了某种内在的逻辑关系。可以说，这种不严谨为考生的写作增加了一定难度。当然，也有学者对此进行了善意的揣测，著名学者孙绍振先生就持这样的看法：漏洞似乎是命题者有意留下的，目的是让考生评论：对此你有什么思考？当然，孙教授对此看法还是留有余地的，他随即做了这样的补充：如果说命题者有意如此，则重点在考生的批判性思维上。对于习惯扣紧题目作文的考生来说，可能是非常严峻的挑战。

新课标将"全人教育""全面发展"作为核心素养，把"人的发展"作为重心，强调学生的学习与经历、个体与社会、教学与教育、学科与道德的均衡发展。"三本书"的作文题让我们从阅读"有字之书"进入，获得知识与认识世界；继而走出书斋，融入"无字之书"的自然和社会，做到知行合一；进而开阔视野，提升认知，在修身养性中促成人格的养成，最后回归到心灵，让自己"时时勤拂拭，莫使染尘埃"，达到阳明先生所说的"此心光明，夫复何言"的境界，让我们真正体会到"字里乾坤大，书中日月长"的滋味。

毋庸置疑，作文题在让学生获得知识、教养与能力的同时，也锻造了学生的人格，提高了其修养，有助于青年人焕发出应有的青春活力，有助于改变当下许多孩子思想贫乏、精神孱弱、萎靡不振的状况，让自己在阅读中汲取养分，从而变得客观豁达，心胸开阔，让心灵得到培育，让心智得以成熟，让精神得以成长，最终使学生养成健全而阳光的人格，成就一个个大写的人。这与教育的本质是相契合的，与笔者这几年一直倡导的"阳光作文"的理念是完全一致的。从这个层面来看，2017年的作文题是极为成功的。

最后，笔者用三句话对浙江作文题做一下总结：阅读"有字之书"，让我们去了解头顶璀璨的星空；阅读"无字之书"，让我们的脚下挨着坚实的大地；阅读"心灵之书"，让我们的胸中有可贵的信仰坚守。

附：2017年浙江省作文题。

阅读下面文字，根据要求作文。（60分）

有位作家说，人要读三本大书：一本是"有字之书"，一本是"无字之书"，一本"心灵之书"。对此你有怎样的思考？写一篇文章，对作家的看法加以评说。

注意：①题目自拟。②不得少于800字。③不得抄袭、套作。

作文命题：理性与感性的交融

——兼与2016年浙江高考作文命题者商榷

过去十年的浙江高考作文题具有浓郁的人文色彩，更多追求精神层面的内涵：都市与乡村、绿叶与根、文化反哺、守住童真，等等。尽管有些文题内在不乏理性成分，但学生的作文大多仍是偏感性的。自2015年开始，浙江作文命题"作品与人品"明显地转向理性，这种理性在2016年得到了进一步强化。

2016年，作文明确要求学生写一篇论述类文章，这在浙江自主命题以来是第一次。对于文体的问题，命题组做了这样的阐释：明确规定考生须写"论述类文章"，以加强对考生逻辑思维能力，特别是思辨能力的考查。长期以来，考生偏向写"夹叙夹议"式的文章，终因缺少思辨力量和实证精神而流于虚华浮浅。浙江省此次限定写论述类文章，正是要正本清源，不但着眼于落实新课改强化学生较高层级写作能力的要求，也为考生日后进入高校深造以适应知识创新这一目标而打下扎实的写作基础。

显然，作为老高考最后一年，命题者考虑了新课标核心素养中"思维发展与提升"的因素，希望考生学会辨识、分析、比较、归纳，让自己的思维具有深刻性、灵活性、敏捷性、批判性、独创性，在思维这一方面有一定提升。

诚如命题专家所说，出题的目的是扭转，是适应高校的知识创新。浙江自主命题十二年来，出现了大多拼凑之作与宿构套作，不是历史名人开会，就是名人名言大杂烩，伪文采伪抒情的文章满天飞，缺少的是严密的架构与理性的观照。这一方面源于不少教师对于花哨文章的喜好，导致不少学生以背诵优美文段来应对高考，是功利心使然；另一方面，源于我们教材中所选的文章，尤其古代文章，大多是才子文章。这种文章只讲气势，不讲逻辑；富于文采，缺少思辨。在潜移默化中，学生的思想深受此影响，下笔不知不觉也走上这条道路。另外，当下心灵鸡汤大行其道，一些"名嘴"学者充当"高级奶妈"，给了学生无数的"二道奶水"，也是一个重要因素。于是，在三重因素共振之下，考生们在高考作文时"集体无意识"地进行了"大合唱"，找不到一点理性与思辨的影子。这种趋势并不是高考指挥棒在短时间内所能扭转的。

但同时，我们也应看到，这么多年来，我们不也出现了许多文采斐然、形象大于思维的好文章吗？可以说，浙江2005年的《半局棋》是恢复高考以后的里程碑式的优秀之作，哪怕放在古代的状元文中，也毫不逊色。当然，我们也不可否认命题专家所做的努力，在主观上，他们正努力地将学生引向理性，纵然在做法上过火一些，也无可非议。

问题是，作文命题本身做到"理性"了吗？我们不妨就此做些探讨。材料共分为三段：第一段讲的内容并非虚拟，是网络，是技术，是虚拟的基础；第二段内容从虚拟设备说到虚拟场景，是从第一段内容往前走的，是"可能"的发展，属于第一段现实层面的深化与延伸；第三段探讨虚拟走向现实该采取的态度，属于写作指向。命题者在这里给出了三种答案：拥抱虚拟中的现实、刻意远离虚拟中的现实、与虚拟中的现实保持适当距离。考生可以选择其中一个观点展开。

虚拟中的现实与现实到底是怎样的关系？不厘清这对概念，一切的探讨都成了无源之水，无本之木。虚拟中的现实主要通过技术手段营造的虚拟事物或场景，与现实有着本质的区别。虚拟只是一种仿真的手段。虚拟中的现实本质是对现实的补充、拓展，而非代替，两者是主次关系。打个比方，这种关系就像科技与人的关系一样，科技是手段，是途径，是为提高人的生活质量而服务的；而不是颠倒过来，人为技术所奴役。所以，虚拟中的现实与现实这对概念首先是主次关系，而非并列关系、替代关系。换言之，对于这两者之间的关系，命题者所称的"拥抱""远离""保持适当距离"的分类是缺乏理性基础，站不住脚的。

命题者这种简单地把虚拟现实与现实的关系归纳为"拥抱""远

离""保持适当距离"三种关系是非此即彼的逻辑思维在作怪，是传统的"中国式思维"，这种思维有个典型的特征，那就是不是黑即是白，还有一种就是黑白相间。我们在很多问题上就是运用这种逻辑的：除了敌人、朋友，就是中间派；敌人的敌人就是朋友。我们永远不知道，哪怕是敌对国家，他们也反对恐怖分子，他们也在大力打击犯罪分子。我们能对自己说，那些敌对势力国度中的恐怖分子、犯罪分子是我们的朋友吗？

可悲的是，这种逻辑在我们的教材中也不时出现，就像前文所说的，除了黑白两色，难道不允许存在赤橙黄绿青蓝紫其他颜色吗？看来这里的"和"应该是多样性的统一吧？所以，该提升思维的不仅只是我们的学生，还有我们教材的编写者。

由此，笔者想到了第二个话题：我们的生活仅仅具备理性就行了吗？

笔者以为，一个人生活在世上，应该有两个世界：现实世界与精神世界。现实世界指向物质；精神世界指向灵魂，指向生命的终极追求。

从逻辑角度而言，现实世界偏重理性，强调逻辑、实证；精神世界指向更多的是感性，感知大千世界的真善美，让自己的精神有一方净土，有一块诗意的栖息地。为了让理性深入人心，命题者直接规定学生写论述文，且在评卷中，凡是侧重文艺腔，论述特征不纯粹的，都不能得高分。如果说，2015年的"作品与人品"的讨论还有一点感性成分的话，那么2016年的话题，从材料到文体，完全将学生往理性的道路上赶。那么问题来了：现实生活除了理性，不需要感性了吗？我们的生活真的不需要诗与远方了吗？回顾这几年作文命题风格的变化，笔者以为，这又是典型的从一个极端走向另一个极端。

就我们的生活而言，巴金说过，我不只是吃小米长大的。毛泽东也说过，人是需要有一点精神的。这两人都强调了一点，我们的生命需要有自己的精神世界。如果我们一味地沉浸于理性与逻辑世界，感官功能完全丧失，不懂得亲近大自然，我们的生活将不再有亘古的歌谣在那条潺湲的河边响起，在苍苍兼葭间荡舟徐回的场景将成为遥远的记忆，我们的世界里再也没有了楚楚风姿，没有了杨花如雪，没有了如流光霞帔的桃林……

不幸的是，我们的生活正不断滑向技术化控制的深渊，技术的喧嚣惊醒了霓裳羽衣的闲情，冰冷的数字驱散了渭北的春树，以及江东的暮云。枫桥的波澜不再，渭城的朝雨不再，把盏的素手不再……古人"春有百花秋有月，夏有凉风冬有雪""琴棋书画诗酒花，春江秋月赏烟霞"的生活图景正在一步步离我们远去，我们再也没有了"三更有梦书当枕，千里怀人月在峰""莫问野人生计事，窗前流水枕边书"的闲情逸致，我们被时代裹挟着匆匆向前，我们正在逐渐失去人生的意义。

身处这茫茫的大数据时代，我们每个人更需要一个安身立命的精神家园。古代的才子文章在理性与实证一端固然暴露出其不足，但在另一端，却是精神的充盈，诗性的弥漫。这启示我们，作文命题不但要关注技术，关注理性，更要有一种人文情怀，带点感性色彩，以此促成考生心灵的养成，让考生的精神得到洗礼，让他们的灵魂有所皈依。理想的试题应该是理性和感性相互交融，让考生自如地游走于现实世界与精神世界。

附：浙江作文题。

网上购物，视频聊天，线上娱乐，已成为当下很多人生活中不可或缺的一部分。

业内人士指出，不远的将来，我们只需要家里安装VR（虚拟现实）设备，就可以足不出户地穿梭于各个虚拟场景：时而在商店的衣帽间试穿新衣，时而在诊室里与医生面对面交流，时而在足球场上观看比赛，时而化身为新闻事件的"现场目击者"……

虚拟世界中的"虚拟"越来越成为现实世界中的"现实"时，是选择拥抱这个新世界，还是刻意远离，或者与它保持适当距离？

对材料提出的问题，你有怎样的思考？写一篇论述类文章。